Les chemins de la providence

*A tous ceux qui cheminent vers un monde meilleur,
à la conscience collective, à la joie de l'éveil, à la résilience,
à la providence et au respect de chaque être peuplant
la planète terre, à la spiritualité.*

Valérie Boucton

La victoire sur soi est la plus grande des victoires.

Platon

LES CHEMINS DE LA PROVIDENCE

Récits initiatiques

VALÉRIE BOUCTON

Lis Ma Vie

Préambule

Dans un monde où les doutes et les incertitudes semblent omniprésents, la providence se manifeste souvent à travers des signes subtils, des coïncidences surprenantes et des rencontres fortuites. Ce recueil se veut une exploration des moments où la vie nous rappelle qu'il existe une force bienveillante à l'œuvre, orchestrant des événements qui échappent à notre conscience.

Les échos du silence

Plongée dans l'oubli

Sur la côte atlantique, la ville de Saint-Palais-sur-Mer s'éveillait lentement, le soleil filtrant timidement à travers les rideaux pourpres de mon appartement. Je fixais le mur blanc, mes pensées éparpillées comme les feuilles d'un arbre au gré du vent. L'écrivaine en moi était en berne. C'était devenu un combat quotidien de m'asseoir devant mon ordinateur et d'affronter la page blanche, ce tableau immaculé qui reflétait mes doutes et mes incertitudes. Chaque fois que je posais les doigts sur le clavier, un souffle de frustration s'emparait de moi. L'inspiration, ce doux compagnon de voyage, semblait m'avoir quittée. Les idées que j'avais si ardemment nourries au fil de mes rêves s'étaient évaporées, comme des éclats de lumière laissés derrière moi, dans un couloir sombre. « Écris », me murmurait la providence, « N'abandonne pas. » Mais comment écrire alors que les mots m'échappent, comme des poissons fuyants dans un océan sans fin ?

Le défi de la page blanche

Un matin, alors que je me tenais devant mon ordinateur, je sentis quelque chose changer. Les mots s'entremêlaient rapidement, formant des phrases puissantes. J'avais enfin compris : l'écriture n'avait pas besoin d'être parfaite. Elle devait être authentique, un reflet de moi-même, brut et sincère. Je me plongeai dans mes récits, j'allais explorer mes angoisses, puis contempler la beauté de la créativité. Les pages prennent vie sous mes doigts, et chacune d'elles est un cri silencieux vers le monde. Cette lutte que j'avais tant redoutée devenait une danse, et je m'accrochais à chaque phrase, déterminée à ne pas sombrer.

Ma victoire personnelle

À la fin de l'été, le manuscrit est enfin achevé. Je me tiens face à cette œuvre, la gorge nouée d'émotions. L'écriture m'a aidée à faire face à mes peurs, à libérer mes démons, et à redécouvrir la joie de créer. Il n'est pas seulement question d'écrire un livre, mais de se retrouver soi-même. Mon récit, bien qu'imparfait, est ma victoire personnelle. Il est le témoignage de ma force et de ma détermination. Comme une étoile brillante dans le ciel, il illumine les nuits sombres que j'ai traversées. Et en fin de compte, j'ai compris une chose essentielle : parfois, s'accrocher pour ne pas sombrer est le premier pas vers la lumière. Je ne suis plus seule dans ma quête ; chaque mot, chaque phrase résonne comme un écho de mon silence, une ode à la vie, à la lutte et à la résilience.

Ces récits guidés par la providence nous rappellent qu'il est normal de traverser des moments de doute et de découragement. Créer, que ce soit par l'écriture, la peinture ou tout autre forme d'art, est un chemin parsemé d'embûches, mais aussi d'éclats de lumière. Continuons à nous accrocher, car chaque pas compte dans la quête de notre propre chemin.

Fin

La providence et la convoitise

Les premiers échos

Constance était une parisienne, éprise de liberté et avide de succès. Cadre dans une entreprise de marketing, elle travaillait sans relâche pour atteindre ses objectifs. Son appartement, orné de meubles modernes, était situé au cœur de la capitale. La baie vitrée de son logis permettait d'admirer la légendaire tour Eiffel. Si cette dame de fer, de 300 mètres de hauteur, fut construite en 1887 pour démontrer la puissance industrielle de la France, l'âme de Constance était en proie à un déséquilibre. Elle avait tout ce qu'elle voulait, sa quête incessante de reconnaissance la laissait sur sa faim. Un soir, alors qu'elle rentrait chez elle, un événement inattendu allait bouleverser le cours de sa vie. À l'angle d'une rue éclairée par des lampadaires, elle entendit une mélodie envoûtante : c'était un violoniste, dont les notes semblaient raconter l'histoire de ses doutes et de ses aspirations. Constance s'arrêta, captivée. La musique était une invitation à réfléchir sur ses véritables désirs.

L'inattendu

Le lendemain, Constance se rendit au parc, la mélodie résonnant encore dans son esprit. Elle s'y asseyait souvent, mais cette fois-ci, une silhouette attira son attention : le violoniste du soir précédent. Il s'appelait Sacha, un artiste sans le sou, mais ses yeux brillaient d'une passion profonde. À mesure qu'ils discutaient, Constance comprit que sa vision du monde était radicalement différente de la sienne. Sacha vivait pour l'art et la beauté, tandis que Constance était enchaînée à ses ambitions. Avec le temps, une amitié naquit entre eux, se développant en une connexion plus profonde. Constance se mit à réfléchir à la signification de la providence. Était-ce un hasard qu'elle ait croisé Sacha ? Elle avait toujours cru que le succès était le fruit d'un travail acharné, mais Sacha lui montra qu'il pouvait aussi venir des rencontres, des coups de cœur artistiques et des moments propices.

Les dangers de la convoitise

Alors que les semaines passaient, Constance commença à ressentir une jalousie grandissante envers Sacha. Son talent était indéniable, et alors qu'il se produisait dans des cafés, ses performances attiraient un petit mais fidèle public. Pendant ce temps, elle se noyait dans des chiffres et rendez-vous d'affaires, son propre succès semblant fade en comparaison. La convoitise s'insinuait peu à peu dans son esprit, érodant la belle amitié qu'ils avaient construite. Constance, acculée par cette envie de reconnaissance, commença à se demander si elle devait tout sacrifier pour adapter son ambition à celle de Sacha. Elle voulait que son travail soit reconnu, mais à quel prix ? Était-elle prête à renoncer à leur amitié pour une place au sommet ? Cette question lui taraudait l'esprit.

Le choix crucial

Un après-midi, Constance reçut une proposition d'un grand cabinet de marketing. Une promotion l'attendait, elle devrait quitter la ville pour un projet de plusieurs mois. Cette opportunité était ce qu'elle avait toujours désiré, Constance savait également que cela l'éloignerait de Sacha. Une lutte intérieure s'installa : le succès ou la passion ? La carrière ou l'amitié ? Elle prit le temps de réfléchir. À travers ses conversations avec Sacha, elle avait commencé à apprécier la beauté de l'instant. Avec lui, elle avait redécouvert la joie de créer, de rêver, et de vivre pour quelque chose de plus grand qu'elle-même. Elle comprit alors que la véritable richesse ne résidait pas dans les accomplissements matériels, mais dans les liens qu'elle tissait autour d'elle.

Une nouvelle perspective

Constance prit la décision de refuser la promotion. Elle choisit de rester en ville et de soutenir Sacha dans ses projets artistiques. Ensemble, ils commencèrent à organiser des événements pour promouvoir les artistes locaux. Leur volonté commune de faire briller le talent autour d'eux les rapprocha encore plus. Au fil du temps, Constance réalisa que la providence voyait plus loin que ses ambitions personnelles. Par son choix, elle avait trouvé un équilibre entre ses désirs et ceux des autres. L'art, la musique et l'amitié avaient pris la place de la convoitise, et sa satisfaction personnelle s'épanouissait désormais dans la joie de créer ensemble.

La découverte

Des mois plus tard, lors d'un concert en plein air, Constance et Sacha se tenaient ensemble sur scène, les visages illuminés par la lumière du soleil couchant. Les notes de musique s'envolaient, emportant avec elles leurs rêves et leurs espoirs. Constance avait enfin compris que la vie ne se mesurait pas aux succès personnels, mais bien aux connexions humaines, à la beauté de l'instant présent, et à la capacité de partager des expériences. La providence et la convoitise avaient tissé la toile de leur aventure, leur enseignant que, parfois, il fallait savoir renoncer pour véritablement s'épanouir. Et dans cette symphonie de vies entrelacées, un nouvel avenir s'ouvrait à eux, empli de promesses, de passion et de créativité

Fin

L'espoir et la providence

La danse des émotions

Marie vivait une existence paisible dans la petite ville de Saint-Rémy-de-Provence. C'est dans cette petite capitale des Alpilles que naquit le célèbre Michel de Nostredame, dit « Nostradamus ». Rédigé en 1552, son ouvrage Les prophéties réunit plus d'un millier de quatrains sur les grands événements de l'Histoire à venir, sur les destinées futures des rois, des nations et de l'humanité tout entière. Marie, quant à elle, avait toujours été la fille sage, celle qui aidait sa mère à la boulangerie le matin, puis qui s'absentait pour rêvasser au bord de la rivière l'après-midi. Sa vie était rythmée par les saisons et les traditions du village, mais une part d'elle aspirait à vivre des aventures et des passions. Un jour d'été, alors que le soleil brillait de mille feux et que le vent frais apportait le parfum des fleurs, un inconnu arriva au village. Gabin, un jeune peintre en quête d'inspiration, avait choisi Saint-Rémy-de-Provence comme toile de fond pour son prochain chef-d'œuvre. À son arrivée, il fut immédiatement captivé par la beauté de Marie. Ses longs cheveux châtains dansaient au gré du vent, et son sourire illuminait même les jours les plus sombres. Les chemins de Marie et Gabin se croisèrent lors d'une fête du village. Tandis que la musique résonnait et que les rires s'élevaient, ils échangèrent des mots timides, suivis de nombreux regards. Gabin était intrigué par la douceur de Marie, tandis qu'elle se laissait séduire par son enthousiasme et son âme d'artiste.

Les épreuves de l'amour

Au fur et à mesure que l'été avançait, leur amitié se transformait en quelque chose de plus profond. Ils passaient des heures à se balader dans les champs, à discuter de leurs rêves, à partager des secrets sous les étoiles. Ensemble, ils redécouvraient la beauté du monde et du cœur. Cependant, la providence semblait jouer un drôle de tour. Alors que Gabin se préparait à prolonger son séjour, une lettre lui parvint. Une importante exposition à Paris l'attendait, et il devait s'y rendre dans une semaine. Ce voyage représentait une opportunité en or pour sa carrière, mais cela signifiait également qu'il devrait quitter Marie. Bien que blessée par la nouvelle, elle savait que l'art était essentiel pour Gabin. Elle lui avait toujours dit qu'il devait suivre ses rêves. Seulement le poids de l'incertitude s'installa dans son cœur. Et s'il ne revenait pas ?

Les choix de la vie

Marie passa ses journées à se concentrer sur la boulangerie et ses tâches quotidiennes, mais ses nuits étaient peuplées par des rêves de Gabin. Elle se demandait si leur amour était assez fort pour supporter la distance. Pendant ce temps, Gabin peignait sans relâche, se nourrissant des souvenirs heureux passés avec Marie. Lorsque le jour du départ arriva, ils se retrouvèrent au bord de la rivière, un endroit cher à leur cœur. Les larmes aux yeux, Marie lui dit : « Promets-moi de revenir. Promets-moi que tu n'oublieras pas. » Gabin, ému, la prit dans ses bras et murmura : « Je reviendrai, Marie. Peu importe la distance, notre amour est plus fort que tout. »

La providence à l'œuvre

Les mois passèrent. Gabin devint un artiste reconnu à Paris, il se sentait incomplet sans Marie. De son côté, elle continuait à attendre, à espérer et à s'épanouir dans son travail. Chaque pain qu'elle sortait du four était un hommage aux moments partagés. Un jour, alors qu'elle s'installait à sa fenêtre pour sculpter le pain, une lettre arriva. C'était de Gabin. Il avait obtenu un prix prestigieux et souhaitait revenir à Saint-Rémy-de-Provence pour y exposer ses œuvres, inspirées par leur amour. La providence semblait se manifester.

Le retour et la réunion

Le jour de son retour, le village était en émoi. Même si Gabin avait promis de revenir, l'accueil qu'il reçut dépassa toutes ses attentes. Il l'avait fait : il avait trouvé un moyen de combiner ses rêves et son amour. Quand Marie et Gabin se retrouvèrent au bord de la rivière, le temps sembla s'arrêter. Les regards échangés, les silences chargés de promesses, tout était là. Ils réalisèrent que l'amour, nourri par la foi, la patience et le destin, avait résisté à l'épreuve du temps.

Épilogue des nouveaux horizons

Gabin et Marie décidèrent de rester à Saint-Rémy-de-Provence, mais cette fois, main dans la main, prêts à créer une nouvelle vie, une œuvre commune. Marie ouvrit un atelier de pain et de peinture où l'art et la gastronomie se mêlaient. Ils avaient compris que la providence avait tracé leur chemin, rassemblant leurs cœurs, faisant d'eux des bâtisseurs de rêves. Ensemble, ils écriraient leurs prochaines pages du livre de leur vie, sur les toiles comme sur les pains, unis par l'amour et la beauté de leur existence.

Fin

La providence et le monde de l'hypocrisie

Dans un village de Dordogne, à proximité de Bergerac, ville bien connue pour ses vins, son architecture, son histoire et également pour être le berceau de Cyrano de Bergerac, se tenait une petite communauté où chaque habitant prétendait avoir des principes vertueux. Ils s'enorgueillissaient de leurs principes, affichant une piété irréprochable aux yeux des autres. Cependant, derrière cette façade de bonté se cachait un monde d'hypocrisie que peu osaient dénoncer.

Parmi ces villageois, il y avait une vieille femme nommée Margot, réputée pour sa sagesse et sa connaissance des anciennes traditions. Margot vivait seule dans une petite maison en bois, entourée de fleurs qu'elle cultivait avec amour. Chaque jour, elle accueillait les enfants du village pour leur raconter des histoires de la Providence, des récits où la bienveillance et la justice divine régnaient en maître. Les enfants l'écoutaient avec fascination, croyant fermement que la Providence veillait sur eux. Mais Margot voyait les choses autrement. Elle percevait les murmures et les rumeurs qui couraient dans le village, les jalousies et les rivalités cachées sous le vernis des sourires. Les villageois se réunissaient pour prier ensemble, tout en se chuchotant des mots cruels derrière le dos de ceux qu'ils prétendaient aimer. Ils se présentaient comme des gardiens de la morale, mais leurs actions les trahissaient, celles d'une communauté rongée par la suspicion et l'égoïsme.

Un jour, une terrible tempête frappa le village. Les vents hurlaient, les pluies torrentielles balayaient tout sur leur passage. Les villageois, effrayés, se réfugièrent chez Margot, espérant que sa sagesse les protégerait. Ils prièrent avec ferveur, implorant la Providence de les sauver de ce désastre. Pourtant, alors que la tempête ravageait les environs, Margot, silencieuse, observait le paradoxe de leur foi. « Que sont devenues vos prières, mes amis ? » demanda-t-elle après la tempête, alors que les adorateurs de la Providence s'attelaient à nettoyer les débris de leur maison. « Ne voyez-vous pas que dans les moments les plus sombres, votre véritable nature émerge ? » Les villageois, gênés, baissèrent les yeux. L'un d'eux, Jacques, prit la parole : « Mais nous avons prié pour notre salut ! Est-ce là un crime ? » « Ce n'est pas un crime, Jacques », répondit Margot avec douceur. « Mais comment pouvez-vous prier pour l'unité tout en sachant que vous vous déchirez en secret ? La Providence observe chaque action et c'est par vos actes que vous lui devez honneur. » Les villageois entrèrent dans un silence pensif. Margot poursuivit : « La tempête a révélé à chacun d'entre vous les failles de vos cœurs. Regardez autour de vous, redécouvrez la simplicité de l'altruisme. Car c'est dans l'aide que l'on apporte aux autres que se trouve la vraie providence. »

À cet instant, les villageois réalisèrent que leur hypocrisie était leur propre tempête. Ils prirent conscience qu'en tendant la main envers ceux qu'ils avaient négligés, ils pouvaient bâtir une communauté véritable, fondée sur la solidarité et l'amour, plutôt que sur les faux semblants. Ainsi, un à un, ils commencèrent à faire amende honorable, à réparer les erreurs du passé, à remercier Margot pour sa sagesse. Peu à peu, le village renaquit, non pas sous l'effet d'une magie divine, mais grâce à la volonté de chacun d'affronter ses propres démons.

La providence, dans ses méandres, n'était ni plus ni moins que le reflet de leurs actions. Et Margot, avec un sourire serein, poursuivit ses histoires aux enfants, leur enseignant que la véritable vertu naît de l'honnêteté envers soi-même et des autres.

Ainsi, le village était devenu un exemple de sincérité, ses habitants avaient appris que la providence n'est pas une force extérieure, mais un état d'esprit, cultivé par ceux qui choisissent d'embrasser la vérité et de se libérer des chaînes de l'hypocrisie.

La providence et l'oracle

Le souffle du destin

Dans la petite ville de Renne-le-Château, nichée dans le massif des Corbières, se tenait une ancienne bibliothèque. C'était un lieu magique où les livres chuchotaient des secrets oubliés et où le temps semblait s'arrêter. Au cœur de cette bibliothèque, une jeune femme nommée Clara passait ses journées à explorer des tomes poussiéreux à la recherche de réponses sur sa véritable destinée. Clara était une rêveuse, irrésistiblement attirée par des histoires d'aventures et de mystères. Depuis sa tendre enfance, elle sentait qu'elle était destinée à quelque chose de grand, mais la monotonie de sa vie quotidienne la laissait perplexe. Un jour, alors qu'elle feuilletait un livre relié en cuir, une page se détacha et un symbole étrange s'y trouva : un œil entouré de feuillage, accompagné des mots « La Providence veille sur ceux qui la cherchent. » Intriguée, Clara décida de suivre cette piste. Elle se rendit au marché local, où une rumeur arpentait les ruelles pavées. L'Oracle était une femme âgée avec des yeux perçants et une aura mystérieuse, elle avait le pouvoir de révéler l'avenir à ceux qui osaient le lui demander.

Le voyage intérieur

Au fond du marché, dans une tente ornée de cristaux et de toiles ambrées, Clara trouva l'Oracle assise derrière une table chargée de cartes et de bougies. Le regard de l'Oracle croisa celui de Clara, et un frisson parcourut l'échine de la jeune femme. « Je sais pourquoi tu es ici », murmura l'Oracle, sa voix douce mais chargée de puissance, « Tu cherches des réponses, mais sache que la Providence ne se dévoile qu'à ceux qui sont prêts à l'entendre. » Clara, nerveuse mais déterminée, lui demanda ce qu'elle pouvait faire pour découvrir son destin. L'Oracle lui ordonna de se concentrer et de poser une question avec sincérité. Clara ferma les yeux et demanda : « Quelle est ma véritable destinée ? » L'Oracle étala les cartes sur la table, révélant un paysage d'ombres et de lumières. Elle pointa une carte représentant un voyage, puis une autre montrant des épreuves difficiles. « Laisse la Providence te guider, mais sois prête à affronter des défis. »

Le voyage initiatique

Enthousiasmée par cette révélation, Clara se mit en route à travers les montagnes, cherchant des indices sur son chemin. Elle rencontra diverses personnes, chacune portant une sagesse unique : un ermite qui lui parla de la force intérieure, une jeune artiste qui l'inspira à libérer sa créativité, et un voyageur qui lui rappela l'importance des choix. Au fil de ses rencontres, Clara commença à comprendre que sa destinée ne résidait pas dans une révélation unique, mais dans le chemin qu'elle choisissait de prendre, les décisions qu'elle faisait et les liens qu'elle tissait.

L'épreuve de la sagesse

Alors qu'elle progressait, Clara fut confrontée à une épreuve majeure. Un pont fragile, suspendu au-dessus d'un canyon profond, représentait le dernier obstacle avant d'atteindre le sommet de la montagne. Au centre du pont, une voix résonna, la défiant de renoncer à sa quête et de retourner à sa vie ancienne. « Pourquoi continuer ? » demanda la voix. Clara, prise de doutes, se souvint des leçons apprises. Elle se tint droite et répondit : « Parce que je suis la créatrice de mon propre destin et que l'avenir appartient à ceux qui osent rêver. »

La récompense

Franchissant le pont, Clara découvrit une clairière baignée de lumière. Là, elle trouva une source cristalline où l'Oracle l'attendait. « Tu as prouvé ta détermination », dit l'Oracle. « La Providence t'a guidée ici non pas pour un futur préécrit, mais pour apprendre à être la maîtresse de ton propre destin. » Clara réalisa que sa véritable destinée était de vivre pleinement chaque instant, de prendre des décisions courageuses, et de partager son amour pour l'aventure et la connaissance avec les autres.

L'héritage de la providence

De retour dans sa ville, Clara devint une enseignante, partageant ses expériences avec la jeunesse. Elle ouvrit aussi un cercle de discussion pour ceux en quête de sens. La bibliothèque, jadis un simple lieu d'apprentissage, devint un sanctuaire pour les rêves et les espoirs de tous. Et chaque fois qu'un jeune visionnaire franchissait les portes de cette bibliothèque, Clara leur racontait l'histoire de la Providence et de l'Oracle, leur rappelant que l'avenir est toujours entre leurs mains, prêt à se révéler.

Fin

La jalousie et la providence

La triangulaire

À Sainte-Mère-Église, commune proche de Utha beach, la plage du débarquement du 6 juin 1944, le souvenir d'un passé amer claque encore à chaque va-et-vient des vagues sur le sable. La vie s'y écoulait à présent tranquillement. Les habitants se connaissaient tous, et les rituels quotidiens s'étaient installés comme une douce mélodie. Parmi eux, deux femmes, Élise et Camille qui étaient des amies de cœur. Élise, rêveuse et artiste, avait un charme naturel qui attirait l'attention. Camille était réservée, sa beauté discrète n'échappait à personne et surtout pas à Julien, ce jeune homme, bien sous tous rapports, que convoitaient toutes les filles. Le destin semblait avoir réuni ces trois âmes. Élise et Julien s'étaient engagés dans une relation amoureuse passionnée. Camille, bien qu'heureuse pour son amie, ne pouvait s'empêcher de ressentir une pointe de jalousie. Elle admirait la connexion entre Élise et Julien, mais au fond d'elle-même, un désir inavoué grandissait. Pourquoi elle, la douce et loyale Camille, ne pouvait-elle pas connaître un amour aussi grand ?

Les signes de la providence

Les mois passèrent et la jalousie de Camille devint un poison insidieux. Elle commença à se fermer à Élise. Un jour, alors qu'elle se promenait près de la rivière, elle fut attirée par une lueur étrange émanant de l'eau. Intriguée, elle s'approcha et découvrit une vieille amulette oubliée, ornée de symboles mystérieux. Sans réfléchir, elle s'empara de l'objet, sentant en elle une force inexplicable. Peu après, la providence semblait s'embraser. Étranges coïncidences et événements heureux se produisirent dans la vie de Camille. Elle commença à attirer l'attention de Julien, qui, à son tour, se montrait de plus en plus présent. Élise, bien que bienveillante, ne pouvait ignorer le changement dans l'air. La tension entre les deux amies grandissait, comme une tempête prête à éclater.

L'éclat du secret

La soirée de la fête annuelle du village approchait, Élise avait préparé une performance musicale pour célébrer l'amitié et la paix. Ce soir-là, le ciel scintillait de mille étoiles. Pendant qu'Élise chantait, Camille, cachée dans l'ombre, la regardait avec une mélancolie grandissante. Un moment de connexion fugace se produisit entre Élise et Julien, une étincelle que Camille enviait. Puis, au beau milieu de la performance, Élise se sentit soudain étourdie. La tension l'envahit, lui faisant perdre son élan. Julien, inquiet, accourut à ses côtés, tandis que Camille, perturbée par ce qui se passait, ne savait pas si elle devait intervenir ou s'éloigner. La jalousie, cette compagne sournoise.

Les choix de la providence

Après cet incident, Élise se mit à douter de son talent et de sa place dans la vie de Julien. Camille, de son côté, réalisa qu'en essayant d'assouvir sa jalousie, elle risquait de briser l'amitié qui lui était si chère. La rédemption s'offrait à elle, la chance de retrouver l'harmonie perdue. Un jour, alors qu'elles se retrouvaient au bord de la rivière, Camille décida de dévoiler l'amulette et tout ce qu'elle avait ressenti. Élise, bien que surprise, accueillit son honnêteté avec compassion. Elles comprirent que la jalousie, bien qu'humaine, pouvait tout détruire sur son passage.

L'amour véritable

Avec le temps, Élise et Camille commencèrent à reconstruire leur amitié sur des bases plus solides. Julien, réalisant la profondeur de leur lien, comprit que l'amour véritable ne se mesure pas à la possession, mais à la liberté. L'amulette, quant à elle, fut jetée dans la rivière, symbole de la libération des tensions et des rivalités. La vie à Sainte-Mère-Église reprit son cours, empreinte de sagesse. Les étoiles brillaient plus intensément, comme pour célébrer l'union retrouvée de trois âmes. Élise, Camille et Julien apprirent qu'il était possible de s'aimer sincèrement, sans crainte, ni jalousie, et que la providence, bien que parfois capricieuse, réservait toujours un chemin vers la lumière et la compréhension.

Fin

La providence et la foi

L'éveil de la conscience

Dans le Gers, à Lupiac, petite ville qui a vu grandir le célèbre mousquetaire d'Artagnan, vivait Alice, une jeune femme de 28 ans. Elle avait toujours été fascinée par la vie, ses mystères et ses imprévus. En tant qu'assistante sociale, elle consacrait sa vie à aider les autres, mais dans son cœur, une quête personnelle l'animait : celle de comprendre la providence et le rôle que la foi pouvait jouer dans ses choix. Un soir d'automne, alors qu'Alice marchait le long de la rivière qui serpentait à travers la ville, une étrange sensation l'envahit. Elle s'arrêta brusquement, regardant l'eau profonde, se remémorant des paroles entendues lors d'une conférence sur le sens de la vie. « La providence nous guide, il suffit d'être à l'écoute. » Ces mots résonnaient en elle comme une mélodie familière.

Les rencontres inattendues

Le lendemain, lors de sa journée de travail, Alice rencontra un homme, Stéphane, qui venait d'arriver en ville. Il était charismatique, avec une passion palpable pour la vie et une foi inébranlable en la bonté des gens. Au fil des semaines, une amitié naquit entre eux, et ils passèrent de nombreuses soirées à discuter de leurs convictions, de l'invisible fil qui guide les rencontres et les destins. Stéphane partageait avec Alice des histoires de jeunesse, les épreuves qu'il avait traversées et les occasions où il avait senti la présence de quelque chose de plus grand que lui. Parfois, il parlait de la providence comme d'un complice mystérieux, orchestrant des événements pour amener les âmes en quête aux bons endroits.

Les épreuves

Cependant, la vie a ses propres défis. Un jour, Alice apprit que sa sœur, malade depuis des années, était en phase terminale. Dévastée, elle se lança dans un long questionnement. Où était la providence lorsqu'elle avait besoin de soutien ? Comment pouvait-elle avoir foi en quelque chose lorsque le monde lui semblait si cruel ? Dans le tourbillon de la douleur, elle trouva refuge auprès de Stéphane, qui l'aida à voir au-delà des nuages sombres. « La foi ne consiste pas à croire que tout ira bien, mais à accepter que même dans la souffrance, il y a une leçon à apprendre », lui dit-il un soir, tandis qu'ils s'asseyaient sur un banc près de la rivière.

La prise de conscience

Les semaines passèrent, et alors qu'Alice tenait la main de sa sœur sur son lit de mort, elle ressentit une paix inexplicable. Elle se remémora les leçons de Stéphane, soudain saisie de gratitude pour tous les moments passés avec sa sœur, pour les rires et les larmes. Elle comprit que la providence n'éliminait pas la douleur, mais qu'elle permettait de la transcender, d'en tirer force et sagesse. Après le départ de sa sœur, Alice se rendit compte que sa foi, bien que mise à l'épreuve, avait été renforcée. Elle commença à voir des signes de la providence dans sa vie quotidienne, dans les petites choses : un sourire d'un inconnu, un rayon de soleil après la pluie, ou encore le rire d'un enfant. Chaque moment semblait être une confirmation que tout était à sa place.

Un nouveau départ

Des mois plus tard, après ce processus de guérison, Alice prit une décision audacieuse. Inspirée par les enseignements de Stéphane, elle décida d'ouvrir un centre communautaire dédié à l'écoute et au soutien des personnes en difficulté. Elle voulait que chaque individu se sente entendu, compris, et qu'il puisse percevoir la lumière, même dans les moments les plus sombres. Stéphane, à ses côtés, l'encouragea dans cette aventure. Leurs discussions sur la providence et la foi se transformèrent en actions concrètes, rassemblant des gens autour de la volonté d'aider les autres. Ensemble, ils bâtirent un espace où les âmes pouvaient se rencontrer et se guérir, prouvant que la foi, quand elle est nourrie d'amour et de solidarité, peut déplacer des montagnes.

L'infinie boucle

Des années plus tard, le centre prospérait, portant les valeurs qu'Alice et Stéphane avaient toujours chéries. Alice se tenait là, entourée de ceux qu'elle avait aidés, se remémorant son cheminement. Elle comprit que la providence et la foi étaient des compagnons fidèles, des forces invisibles qui, inlassablement, guident les cœurs perdus vers la lumière. La vie est un voyage plein de mystères, mais quand on choisit de croire, chaque épreuve devient une occasion d'apprendre, de grandir et de partager. Alice sourit, sachant qu'elle n'était jamais vraiment seule, mais entourée de la promesse d'un lendemain meilleur, illuminé par la foi en la vie et en la providence.

Fin

La providence et le mensonge

Les ombres du passé

Catherine, une jeune femme au regard perdu dans le vide, vivait dans une petite ville, située non loin de la forêt de Paimpont. Nombre de récits et de légendes se déroulaient dans ce lieu mythique, une des plus connues mettant en scène, Merlin l'enchanteur et le roi Arthur. Ancienne étudiante en lettres, Catherine passait ses journées à travailler dans une librairie, entourée de livres poussiéreux et de souvenirs évanouis. Son cœur était lourd d'un secret qu'elle n'osait partager, une vérité balisée de mensonges et de promesses brisées. Elle avait grandi sous l'ombre d'un père charismatique, un homme dont les discours enflammés captivaient les âmes en quête de vérité. Mais c'était une façade. Derrière ce rideau de mots se cachait un homme rongé par ses démons, un père qui avait construit une vie de mensonges pour fuir un passé qu'il ne pouvait assumer.

La croisée des chemins

Un matin, alors que les premiers rayons du soleil filtraient à travers les vitres de la librairie, Catherine fit la rencontre d'un homme qui allait changer le cours de son existence. Marc, un écrivain en quête d'inspiration, était en ville pour un festival de littérature. Son charme discret et sa passion pour les histoires capturèrent rapidement son attention. Marc était un être de lumière, un homme qui croyait en la providence, en ce destin qui guide les âmes à travers les épreuves. Il avait une manière de poser des questions qui déstabilisait Catherine, l'obligeant à se confronter à ses démons intérieurs. Ensemble, ils échangèrent sur la vie, l'amour et le mensonge.

L'autre vision

Peu à peu, Marc devint une bouffée d'air frais dans la vie de Catherine. Pourtant, derrière chaque sourire se cachait un passé inéluctable. Un soir, après un dîner émaillé de rires et de confidences, Catherine se résigna à révéler son secret. Tremblante, elle lui parla de son père, des mensonges tissés autour de leur existence. Elle évoqua une mystérieuse disparition survenue des années plus tôt, qui avait brisé leur famille. Marc écouta attentivement son récit, les yeux brillants d'inquiétude, il avait toujours entendu dire que « la vérité est une arme, mais elle peut aussi être une délivrance. »

Les chemins séparés

Les jours suivants, Catherine se mit à réfléchir à la vérité derrière ses mensonges. Elle commença à enquêter sur son père, découvrant des fragments de son passé, des histoires non racontées qui tendaient à éclairer l'obscurité de son existence. Mais alors qu'elle plongeait plus profondément dans les souvenirs enfouis, elle se heurta à des vérités qui menaçaient de détruire l'image déjà fragile qu'elle avait de son père. Marc, de son côté, écrivit un roman inspiré de leur histoire, une œuvre de fiction portée par des éléments de réalité. Mais au fur et à mesure que son manuscrit prenait forme, il se rendit compte qu'il devenait lui-même un architecte du mensonge, tissant des éléments fictifs dans l'étoffe de leur relation. Catherine, devina ce qu'il faisait, ce qui créa un mur entre eux.

Le secret dévoilé

La tension culmina lors d'un week-end organisé par le festival de littérature. Catherine, ne pouvant plus supporter le poids des secrets, affronta Marc devant un public conquis par les mots. « Tu as écrit sur moi, mais tu ne connais pas ma vérité ! » cria-t-elle, la voix tremblante. Marc, abasourdi, tenta de lui expliquer que la création littéraire est souvent un mélange de réalité et de fantasme, une danse délicate entre la Providence et le Mensonge. Mais Catherine n'écoutait plus. Pour elle, l'authenticité était tout.

La réconciliation

Le retour à la réalité fut difficile. Catherine s'isolait dans sa douleur, mais la révélation des mensonges de son père, de celui qu'elle idolâtrait, lui ouvrit les yeux. Elle commença à écrire, à raconter sa propre histoire. L'écriture devint son refuge. Quant à Marc, il reçut un prix pour son livre, mais le succès avait un goût amer. Il comprit qu'il avait sacrifié une part de son âme au nom de l'art. Un soir, après des semaines de silence, Marc se présenta à la librairie. Catherine, surprise, vit dans ses yeux une profonde tristesse. Ils parlèrent, sincèrement cette fois. Ils partagèrent leurs douleurs, leurs besoins de vérité et la façon dont leur vie était entremêlée par des fils invisibles.

La nouvelle aube

Avec le temps, Catherine et Marc réalisèrent que même dans le mensonge, il y a parfois de la beauté, de l'espoir. Ils choisirent de reconstruire leur relation sur des bases solides, où la vérité primerait sur les illusions. Alors que Catherine écrivait son propre livre, elle décida de laisser une place à la complexité des émotions humaines, à la beauté de la providence, et à la fragilité des mensonges qui, parfois, nous protègent. Ainsi, dans la petite librairie, entourée de livres, Catherine et Marc commencèrent le début d'un nouveau chapitre, où amour et vérité cohabitaient harmonieusement.

Fin

La providence et la trahison

Les ombres du passé

Niché entre les collines, Domremy-la-Pucelle est un village connu pour avoir été le lieu de naissance de Jeanne d'Arc. Loin des tumultes de l'époque, la tranquillité semblait être la seule compagne de ses habitants. Pourtant, sous cette surface paisible, des secrets sombres commençaient à refaire surface. Luc, un homme à la quarantaine bien entamée, était revenu dans son village natal après des années passées à Paris. La mort de sa mère l'avait forcé à affronter un passé qu'il avait longtemps évité. Luc avait été un enfant vif et curieux, mais la trahison de son ami François l'avait contraint à quitter Domremy, laissant derrière lui une vie prometteuse et des liens précieux. En revenant, il était déterminé à comprendre ce qui s'était réellement passé et qui avait brisé leur amitié.

Les souvenirs enfouis

Domremy semblait figé dans le temps. Les rues pavées et les maisons en pierre gardaient l'empreinte des souvenirs. Luc retrouva Lina, son amie d'enfance, cette dernière avait toujours gardé une place pour lui dans son cœur. Lina était devenue institutrice et irritait Luc avec ses remontrances sur le temps perdu. « La vie est trop courte pour s'attarder sur le passé », disait-elle souvent, mais Luc n'était pas prêt à oublier. Un jour, alors qu'il se promenait près de l'étang où il jouait enfant, Luc fit la rencontre d'un vieil homme, Victor, qui connaissait les histoires de Domremy, mieux que quiconque. Victor lui raconta comment la trahison de François avait été le résultat d'une manipulation orchestrée par un homme d'affaires, avide de pouvoir. Ce dernier voyait François comme un pion supplémentaire et bien utile pour son jeu. Cette révélation fit basculer la perception que Luc avait de son ami.

Un passé révélé

En enquêtant sur le passé, Luc découvrit que la trahison de François n'était qu'une pièce d'un puzzle bien plus vaste. L'homme d'affaires, Henri Moreau, avait fomenté des rumeurs pour les diviser. Luc, en cherchant à comprendre, réalisa que des vies avaient été brisées non seulement à cause de la trahison, mais aussi par l'avidité et l'ambition de ceux qui agissaient dans l'ombre. Avec Lina, Luc rassembla les villageois pour confronter l'héritage destructeur que Moreau avait laissé derrière lui. Ils décidèrent de plonger dans leurs propres souvenirs, d'affronter les blessures du passé pour les apaiser. Grâce au courage collectif, ils élaborèrent un plan pour restaurer l'harmonie dans le village, prouvant que la providence était toujours présente, même dans les moments de trahison.

Le rassemblement

Lors d'une réunion au centre du village, Luc prit la parole et raconta son histoire. Il parla de la force de la communauté, de l'importance de se soutenir les uns les autres, même face aux trahisons du passé. Les villageois, touchés par ses mots, se firent les gardiens de leur propre histoire, décidés à tourner la page et à construire un avenir meilleur. François, ayant entendu les rumeurs de son ancien ami, vint à sa rencontre. Leurs retrouvailles furent tendues, mais dans la sincérité des mots échangés, Luc comprit que François avait lui-aussi été une victime. Ce soir-là, au bord de l'étang, un pardon fragile fut scellé.

La nouvelle aurore

Au fur et à mesure que les jours passaient, Domremy-la-Pucelle fleurissait à nouveau. Les jeunes et les anciens se réunissaient pour célébrer chaque petit succès. La providence, sous la forme de vieilles amitiés réparées et de nouvelles alliances formées, guidait leurs pas. Luc, ayant finalement trouvé la paix, comprit que même la trahison pouvait conduire à la renaissance. Les cicatrices du passé étaient toujours présentes, mais elles ne définissaient plus leur avenir. Ensemble, ils cheminèrent vers une nouvelle ère. En étant solidaires et unis. Luc et François prouvaient que l'amour et la confiance pouvaient triompher des ombres les plus sombres.

Les liens indéfectibles

Des années plus tard, Luc et François se tenaient en haut de la colline surplombant Domremy. Ces enfants curieux étaient devenus des hommes sages, et le village, autrefois meurtri par la trahison, s'épanouissait grâce à la providence d'une communauté soudée. Ils avaient appris que les épreuves, bien que douloureuses, n'étaient que des tremplins vers une nouvelle vie, un nouveau commencement, et que l'amour, la vérité et l'amitié étaient les plus grandes forces qu'ils pouvaient posséder. Ainsi se termine l'histoire de « La Providence et la Trahison », un récit de résilience et d'espoir, affirmant que, même au cœur de l'obscurité, la lumière de la vérité et les liens d'amitié peuvent prévaloir.

Fin

La providence et la vérité

Les voiles du destin

Le peintre Paul Cézanne fut nourri du paysage offert par la montagne Sainte-Victoire. C'est dans ce petit village, ce lieu inspirant situé à quelques minutes en voiture de la ville d'Aix-en-Provence, que vivait une jeune femme nommée Lucie. Connue pour sa gentillesse et son sourire rayonnant, elle était l'âme de son village. Mais derrière cette façade joyeuse se cachait un secret lourd à porter. Lucie avait toujours ressenti une connexion inexplicable avec une force supérieure, qu'elle appelait « la Providence ». Un jour, alors qu'elle se promenait dans la forêt voisine, Lucie tomba sur un vieux grimoire enfoui sous des feuilles mortes. Intriguée, elle décida de l'emporter chez elle. En l'ouvrant, elle découvrit des écrits anciens sur le destin, le libre arbitre et le rôle de la Providence dans la vie des êtres humains. Ses yeux brillaient d'excitation à chaque page tournée, mais au fil de sa lecture, une question persistante s'imposa : qu'est-ce que la vérité ?

Les échos du passé

La nuit suivante, Lucie fut visitée par des rêves étranges. Des images de son enfance, de ses amis et de ses proches se mêlaient à des visions de choses qu'elle n'avait jamais vécues. Dans l'un de ces rêves, une voix ancestrale lui parla : « La Providence t'a choisie pour découvrir la vérité. Suis le chemin de tes ancêtres et tu trouveras ce que tu cherches. » Perturbée mais fascinée, Lucie décida de parler de ses rêves à son ami d'enfance, Clovis, un jeune homme rusé au regard pénétrant. Ensemble, ils explorèrent la forêt à la recherche des traces laissées par le passé. Au fur et à mesure de leur quête, ils découvrirent un petit sanctuaire oublié, recouvert de lierre. Lucie ressentit une forte présence et sut au fond d'elle que cet endroit était le point de départ de leur enquête.

Les liens du sang

Leur investigation les conduisit à une légende qui parlait d'une lignée de femmes marquées par le destin. Chaque génération devait passer une épreuve pour comprendre sa place dans l'univers. Lucie, après avoir longuement réfléchi, comprit que sa vie était intimement liée à cette lignée mystérieuse. La vérité sur sa famille, sur ses ancêtres, l'attendait. Un soir, en fouillant dans les archives du village, elle découvrit un journal intime de sa grand-mère. Les pages jaunies racontaient les luttes d'une femme qui avait défié les conventions pour préserver l'harmonie dans sa communauté, mais aussi son cheminement pour comprendre la Providence qui avait guidé sa vie. Les mots de sa grand-mère résonnaient avec force : « La vérité ne se trouve pas dans ce que l'on voit, mais dans ce que l'on ressent. »

La quête

Alors que Lucie et Clovis s'enfonçaient toujours plus dans leur quête, ils rencontrèrent d'autres âmes à la recherche de la vérité : des artistes, des sages, des rêveurs, chacun portant un morceau du puzzle. Chacune de leurs rencontres enrichissait leur compréhension du destin, du libre arbitre et de la Providence. La nuit de la pleine lune, Lucie et Clovis décidèrent de retourner au sanctuaire. Là, Lucie fit face à une épreuve ultime : elle devait plonger dans l'eau d'une source sacrée et affronter ses peurs les plus profondes. En émergeant, elle ressentit une clarté incroyable. Elle sut alors que la vérité n'était pas un chemin linéaire, mais un voyage rempli de détours et de découvertes.

L'accord entre providence et vérité

Forte de cette expérience, Lucie retourna au village et partagea sa vision avec les habitants. Elle leur parla de l'importance d'accepter ses choix, d'écouter sa voix intérieure et de reconnaître la Providence qui guide chacun d'eux. Elle comprit que la vérité ne se limite pas à un seul récit, mais à la multitude d'histoires qui tissent la trame de nos vies. Le village sous l'inspiration de Lucie, commença à célébrer chaque année un festival en l'honneur de la vérité et de la Providence, rassemblant les gens pour qu'ils partagent leurs histoires et leurs expériences. Lucie, en prenant la tête de ce mouvement, découvrit que sa destinée était de guider les autres vers la lumière, en honorant à la fois le passé et les possibilités infinies de l'avenir.

Le cycle éternel

Des années plus tard, Lucie regardait les rires des enfants jouant dans les champs, tout en se remémorant son propre chemin. Elle savait que la Providence et la vérité seraient toujours des partenaires dans la danse de la vie. Dans ce petit village autrefois tranquille, l'héritage de la légende continuait de se répandre, unissant les cœurs dans la quête sans fin de comprendre qui nous sommes vraiment.

Fin

La providence et le chemin de l'éveil

Le croisement des destins

Véronique vivait paisiblement à Rocamadour, non loin de la chapelle Notre-Dame. C'était comme si la statue de la Vierge noire de cet édifice religieux en bord de falaise, veillait à ce que Véronique conserve une existence calme et sans éclat. Dernière fille d'un agriculteur humble, elle passait ses journées à s'occuper des champs et des animaux, rêvant d'évasion dans des contrées lointaines. Chaque soir, au crépuscule, elle s'asseyait sur une colline, contemplant l'horizon, se laissant bercer par les promesses du vent. Mais la sérénité de sa vie fut bouleversée le jour où une lumière mystérieuse apparut dans le ciel, illuminant la vallée d'une lueur dorée. Cette nuit-là, Véronique ressentit un appel inexplicable, comme si quelque chose l'invitait à se lever et à partir.

L'appel de l'aventure

Décidée à découvrir la source de cette lumière, elle prit une route escarpée qui menait à une forêt dense. Chaque pas résonnait dans son cœur, et peu à peu, elle se rendit compte que le chemin était parsemé de signes. Des plumes argentées, des pierres scintillantes, et des murmures portés par le vent semblaient guider ses pas. Après plusieurs jours de marche, Véronique rencontra un personnage énigmatique : Alden, un sage errant qui portait une robe tissée de fils de lumière. Il lui parla de la Providence, cette force invisible qui tisse les destins de chaque être vivant. « L'éveil, » dit-il, « n'est pas seulement une quête personnelle, mais un chemin vers la compréhension de notre rôle dans ce vaste univers. »

Les épreuves de l'éveil

Sous l'enseignement d'Alden, Véronique apprit à écouter son cœur et à méditer. Chaque leçon était un défi : surmonter ses peurs, lâcher prise sur les certitudes et accueillir l'inconnu. Avec chaque épreuve, elle découvrait des facettes d'elle-même. Un jour, au sommet d'une colline, elle fut confrontée à une vision de son village en proie au désespoir, frappé par une sécheresse. Le cœur lourd, elle se tourna vers Alden. « Cela fait partie de ton chemin, » lui dit-il, « la Providence t'appelle à revenir avec la lumière que tu as trouvée en toi. »

Le retour et la transformation

Armée de nouvelles perspectives et d'un courage inébranlable, Véronique retourna dans son village. Elle partagea ses enseignements avec les autres, les incitant à se rassembler et à agir ensemble pour surmonter les défis. Par leur union, ils découvrirent de nouveaux moyens pour irriguer les champs, ils apprirent la culture des plantes résistantes et ils vécurent en harmonie avec la nature. Véronique devint une femme leader respectée, une guide qui montrait aux siens que l'éveil était un chemin partagé, un voyage vers la compréhension des forces qui nous entourent et nous traversent.

La célébration

À la veille du solstice d'été, tandis que la communauté célébrait les récoltes, Véronique ressentit une profonde gratitude. Elle s'éleva au sommet de la colline où tout avait commencé, et là, entourée des visages souriants de ceux qu'elle aimait, elle comprit que la Providence ne se manifestait pas seulement à travers des événements spectaculaires, mais aussi dans ces moments simples d'amour et de connexion. Chaque étoile dans le ciel devenait un phare pour toutes les âmes en quête de lumière. Véronique savait que le chemin de l'éveil n'était pas une destination, mais un éternel voyage nourri par l'amour, la sagesse, et l'unité.

Un voyage sans fin

Les années passèrent, et à chaque crépuscule, Véronique grimpait cette colline, partageant son histoire avec les générations futures. La forêt, la lumière, et les leçons d'Alden demeuraient gravées dans son cœur, rappelant à tous que chacun porte en lui la flamme de la Providence, prête à être révélée à ceux qui osent écouter. Et ainsi, le chemin de l'éveil continuait d'inspirer des âmes en quête de sens, prouvant que parfois, il suffit d'un appel pour changer le cours de sa vie.

Fin

Le destin et la providence

Les étoiles au-dessus de nous

À Saint-Thomas, village situé à l'entrée des îles vierges des États-Unis, Anna, une habitante de vingt-cinq ans, rêvait d'aventure et de découvertes. Bordé par la mer des Caraïbes, Anna aurait pu y croiser Barbe Noire, le célèbre pirate, si nous étions à une autre époque. Elle avait toujours eu l'impression d'être destinée à quelque chose de plus grand, quelque chose qu'elle n'arrivait pas à définir. Ses soirées étaient souvent passées à contempler les étoiles, à se demander ce que le destin avait en réserve pour elle. Un soir, alors qu'elle se promenait, elle aperçut une lueur étrange. Peut-être était-ce une hallucination née de sa fatigue, mais une force irrésistible l'attirait vers cette lumière. En s'approchant, elle découvrit un vieux médaillon en argent, gravé d'un symbole qu'elle n'avait encore jamais vu. Intriguée, elle décida de le garder, ignorant que cet objet marquerait le début d'un voyage extraordinaire.

La prophétie

Le lendemain, alors qu'Anna se trouvait au marché, elle rencontra un mystérieux étranger. Il portait une cape sombre et ses yeux brillaient d'une intensité qui transperçait l'âme. Il se présenta sous le nom de Gabriel, un voyageur en quête de réponses. Leur rencontre semblait écrite par les étoiles. Anna ne pouvait s'empêcher de raconter sa récente découverte. Gabriel, en entendant le récit, la regarda avec une intensité nouvelle. « Ce médaillon est une clé », expliqua-t-il. « Il est lié à une prophétie ancienne. Ensemble, nous sommes destinés à accomplir quelque chose de grand. » Anna, bien que sceptique, ressentait un lien inexplicable avec cet homme. Elle décida de le suivre, de quitter sa vie tranquille pour découvrir ce que la providence leur réservait.

Le voyage

Leur chemin les emmena à travers des forêts enchantées. À chaque étape, ils rencontrèrent des êtres magiques, des sages et des créatures fantastiques qui les guidèrent et les mirent à l'épreuve. Anna découvrit des pouvoirs qu'elle ne soupçonnait pas, et apprit à utiliser la magie d'une manière qui lui semblait impensable jusque-là. Gabriel, de son côté, révélait peu de son passé, mais Anna décela qu'il portait un poids lourd sur ses épaules. Ils partageaient des moments de complicité, mais également des silences pesants, remplis de secrets.

La dualité

Alors qu'ils s'approchaient du cœur de leur enquête, ils découvrirent un sinistre complot visant à libérer une force maléfique. Ils avaient compris que leur médaillon était à la fois comme une source de pouvoir, mais également la clé pour sceller cette menace. Leurs adversaires, des ombres du passé, surgirent sur leur chemin, prêts à tout pour les empêcher d'atteindre leur objectif. Dans un combat épique, Anna et Gabriel unirent leurs forces, découvrant la profondeur de leur connexion et de leur amour.

L'éveil

La bataille les transforma à jamais. À l'aube, alors que la lumière dorée filtrait à travers les arbres, ils réalisèrent l'importance de leur mission. Non seulement ils avaient protégé leur monde, mais ils avaient également découvert leur véritable nature. Anna, forte de ses nouvelles compétences, comprit qu'elle était plus qu'une simple villageoise : elle était une gardienne. Gabriel, quant à lui, trouva enfin la paix, il s'était réconcilié avec son passé et était prêt pour vivre pleinement son avenir. Ensemble, ils décidèrent de continuer leur chemin, conscients que de nouvelles aventures les attendaient.

Un nouveau départ

De retour à Saint-Thomas, Anna et Gabriel décidèrent de partager leurs connaissances, de former d'autres aspirants aventuriers pour qu'ils soient prêts à affronter les épreuves du monde. Leur amour, solide comme un roc, illumina leur passage, et chaque étoile dans le ciel semblait leur murmurer que le chemin de la providence était, en effet, un voyage sans fin. Leur histoire ne faisait que commencer.

Ce récit nous rappelle que la providence peut se manifester dans les moments les plus inattendus et que les véritables aventures commencent souvent par un simple choix celui d'écouter son cœur.

Fin

La providence et le pardon

Le poids du passé

Chaque matin, Clémence se rendait au cœur de Reims dans le café « La chaise au plafond », elle s'asseyait toujours à la même table, celle que jadis, elle avait l'habitude de partager avec Olivier. Ils avaient choisi ce lieu pour ce rituel matinal, où la joie et de doux moments de complicité s'entremêlaient. Les murs étaient tapissés de vieilles photos en noir et blanc, suggérant une époque révolue. Une chaise logeait entre les lattes du plafond, une des conséquences des bombardements de 1914. Pour Clémence ce lieu était à la fois un refuge et une prison. Elle observait le va-et-vient des clients, chacun portant son histoire, son fardeau. Mais elle, c'était la lourdeur de son passé qui l'entravait. Il y a dix ans, un accident de voiture avait emporté son amoureux Olivier. Un instant de distraction, une route mouillée, et tout avait basculé. Clémence n'avait jamais pu se pardonner du drame de ce soir-là. Le poids de la culpabilité se matérialisait dans son cœur comme une pierre, l'accablant chaque jour un peu plus.

La rencontre inattendue

Un matin, alors qu'elle regardait par la fenêtre, perdue dans ses pensées, une silhouette familière attira son attention. C'était le vieux libraire, monsieur David, un homme sage dont la présence réconfortante avait marqué son enfance. Sur un coup de tête, elle sortit du café et le rejoignit. « Clémence, ma chère ! Que deviens-tu ? » demanda-t-il avec un sourire bienveillant. Les deux amis se mirent à parler de tout et de rien, mais rapidement, la conversation dériva vers des sujets plus profonds. Clémence confia son chagrin, sa colère contre elle-même. Monsieur David l'écouta patiemment. Puis, après un silence, il lui dit : « Le pardon n'est pas un acte facile, Clémence. Mais parfois, la providence se manifeste sous des formes inattendues. Peut-être devrais-tu chercher à comprendre ce qui s'est réellement passé ce soir-là. »

Ces mots résonnèrent en elle comme un appel à l'exploration.

La quête de la vérité

Décidée à se libérer de son poids émotionnel, Clémence se lança dans une quête pour comprendre l'accident. Elle commença par interroger ceux qui étaient présents ce soir-là. Ses recherches la menèrent à Lena, une amie d'Olivier, qui lui révéla des détails qu'elle ignorait complètement : « Olivier ne voulait pas te laisser seule ce soir-là, Clémence. Il pensait à toi et à votre discussion, concernant tes doutes sur sa fidélité et ses projets d'avenir avec toi. Il savait que tu souffrais d'un manque de confiance en votre lien, en raison d'une ancienne relation qui t'avait profondément marquée, depuis lors tu avais un doute obsessionnel envers la loyauté des hommes. Il sentait qu'il pouvait t'aider à avancer et il voulait te rejoindre pensant que tu avais besoin de réconfort. Tu comptais tellement pour lui », expliqua-t-elle, les larmes aux yeux. Ce dernier témoignage était un coup de massue pour Clémence. Elle comprit qu'Olivier l'aimait encore et qu'il venait la rejoindre ce soir-là.

Le pardon intérieur

Après des semaines de réflexion et de douleur, Clémence retourna au café où tout avait commencé. Ce jour-là, elle prit une décision. Elle s'assit à sa table habituelle, ferma les yeux et inspira profondément. Elle s'adressa à son amoureux dans son esprit. « Olivier, je suis désolée. Je m'en veux et je me déteste pour cet accident. Mon amour pour toi est inconditionnel et ne se mesure pas qu'à ta présence physique. Maintenant, je me libère de ma souffrance et de ma colère. Je me pardonne. » Une chaleur réconfortante l'enveloppa, comme si une partie de lui l'entourait. Les premières larmes de soulagement coulèrent sur ses joues, témoignant d'une libération qu'elle croyait impossible.

Un sens à la vie

Avec ce pardon, Clémence commença à changer. Elle s'investit dans une association visant à aider les familles touchées par des accidents de la route. Elle partageait son histoire, sa douleur, et surtout, sa capacité à se relever. La providence avait fait son chemin à travers sa souffrance, lui permettant de réconcilier son passé et de donner un sens à son vécu. Les jours passaient et prenaient une nouvelle dimension. Elle n'était plus une victime, mais une survivante, porteuse d'espoir.

Les Liens Invisibles

Des mois plus tard, alors qu'elle contemplait le soleil couchant sur la marne, Clémence comprit que même si la perte d'Olivier l'accompagnerait toujours, elle pouvait vivre sans la douleur. En se pardonnant, elle n'oubliait pas cette épreuve de la vie, elle l'honorait. Elle se leva et s'éloigna lentement, un léger sourire aux lèvres, consciente que la vie, avec ses imprévus et ses épreuves, était une belle providence que chacun devait apprendre à embrasser.

Fin

Le voleur de providence

Providence, dans le Rhode Island, ville des États-Unis, située dans le Massachusetts, est connue pour le procès des sorcières en 1962. Plusieurs habitantes y furent accusées de pratiquer de la sorcellerie et exécutées. Bien plus tard, alors que l'ombre des vieux bâtiments se mêle à la lumière des néons modernes, une nouvelle légende urbaine semblait circuler depuis des générations.

Les habitants parlaient d'un voleur mystérieux, capable de dérober non seulement des objets de valeur, mais aussi des souvenirs et des rêves. On l'appelait « le Voleur de Providence ». Au crépuscule, alors que le soleil se couchait lentement derrière les collines, une silhouette agile se glissait dans les ruelles pavées. C'était Frédéric, un jeune homme d'apparence ordinaire, mais dont les talents de filou faisaient pâlir d'envie les plus grands voleurs. Frédéric n'était pas motivé par l'argent, mais par une quête bien plus profonde : retrouver l'âme de sa mère, disparue dans des circonstances mystérieuses lorsqu'il était enfant.

L'objet de désir

Un soir, alors qu'il fouillait le marché aux puces, il tomba sur un bijou ancien, une broche ornée de pierres précieuses. En la touchant, il ressentit une étrange énergie. Cet objet appartenait à une femme qui avait perdu tout espoir, et à travers elle, Frédéric avait perçu une once de son passé. Il comprit que ce bijou pouvait lui ouvrir des portes vers des souvenirs enfouis. Frédéric décida de s'en emparer, tout en ignorant qu'il avait attiré l'attention d'une mystérieuse chasseuse de trésors. Elle était déterminée à mettre la main sur des artefacts capables de toucher l'âme des gens. Jeanne voyait en Frédéric un rival et une proie à la fois.

Alliances fragiles

Frédéric, après avoir utilisé son don pour explorer les souvenirs liés à la broche, se retrouva face à Jeanne dans un vieux café aux murs couverts de peintures décolorées. Au début, leurs échanges furent tendus, mais la curiosité les rapprocha. Jeanne, intriguée par le talent de Frédéric, lui proposa une alliance : ensemble, ils pourraient retrouver l'objet ultime, une relique légendaire qui promettait de révéler la vérité sur leur passé respectif. Au fil des semaines, ils parcoururent la ville, déchiffrant des indices et affrontant des adversaires. Leur relation évolua, passant de la méfiance à une complicité inattendue. Frédéric découvrit qu'il n'était pas le seul à porter le poids d'un passé douloureux, et Jeanne, de son côté, trouva en Frédéric un allié précieux.

L'affrontement des destins

Les rumeurs sur leur enquête attiraient l'attention d'un syndicat criminel dirigé par un homme, sans pitié, Philippe. Ce dernier était déterminé à mettre la main sur la relique pour ses propres desseins. Lors d'un échange tendu, Frédéric et Jeanne se retrouvèrent piégés, mais leur ingéniosité et leur détermination leur permirent de s'en échapper. La confrontation finale se déroula dans une ancienne bibliothèque, empreinte d'Histoire et de secrets. Ils y découvrirent la vraie nature de la relique : un miroir capable de révéler la véritable essence des personnes. En l'utilisant, Frédéric espérait retrouver le souvenir de sa mère, tandis que Jeanne cherchait à comprendre son propre passé.

Sacrifice et rédemption

Les résonances des vérités révélées devant le miroir changèrent leur vie à jamais. Frédéric découvrit que sa mère avait sacrifié sa vie pour protéger un secret bien plus grand, un don familial lié aux objets magiques. Jeanne, quant à elle, comprit que son passé tragique la liait à un héritage de chasseurs de trésors tournés vers l'obscurité. En se tenant côte à côte, Frédéric et Jeanne prirent la décision de protéger les objets magiques plutôt que de les exploiter. Leur victoire n'était pas seulement celle d'un vol réussi, mais d'une renaissance. Le Voleur de Providence avait enfin trouvé sa propre providence dans l'amitié, la vérité et la foi en l'avenir.

Les gardiens de la mémoire

Dans les mois qui suivirent, Frédéric et Jeanne devinrent les gardiens des souvenirs oubliés, parcourant la ville pour préserver l'héritage des âmes perdues. Le Voleur de Providence n'était plus qu'une légende il était désormais devenu le symbole d'espoir pour tous ceux qui cherchaient la lumière dans l'obscurité. Et dans chaque objet que Frédéric et Jeanne protégeaient, ils mettaient un peu de leur histoire, comme un hommage à ceux qui les avaient précédés. Ainsi, la ville continua de vibrer, pleine de mystères et de promesses, tandis que Frédéric et Jeanne, main dans la main, dévoilaient les secrets que la providence avait si longtemps gardés.

Fin

La providence dans la tempête

Dans une petite bourgade de Savoie, nichée entre montagnes majestueuses, lacs scintillants et alpages, vivait une jeune femme nommée Hélène.

Elle était connue pour son sourire chaleureux et sa gentillesse envers tous. Toutefois, derrière cette façade joyeuse se cachait une histoire marquée par des épreuves et des tempêtes émotionnelles, tant intérieures qu'extérieures. Un matin, alors qu'Hélène se promenait au bord d'un lac, le temps changea brusquement. Le ciel se réjouissait de nuages sombres, et telle une furie sauvage, de fortes rafales de vent commencèrent à se succéder. Les vagues se brisaient contre les rivages, menaçant d'emporter tout sur leur passage. Hélène, prise par l'angoisse, chercha refuge dans une petite cabane abandonnée. Elle s'y installa, le cœur battant, priant pour que cette agitation cesse. Dans ce lieu sombre, elle se remémora les turbulences qu'elle avait affrontées dans sa vie. La perte de ses parents dans un tragique accident d'escalade l'avait dévastée à l'âge de dix-sept ans.

Depuis ce jour, Hélène avait dû apprendre à naviguer dans l'incertitude et la tristesse. Elle se rappela des nuits blanches passées à pleurer, des jours où la lumière semblait absente, et des moments de solitude insupportables. Cependant, au fil du temps, elle avait découvert une force cachée en elle, une résilience qui lui avait permis de se relever, jour après jour. Chaque épreuve, chaque souffrance avait été l'occasion d'apprendre, de grandir et de s'épanouir. Les rencontres avec des amis bienveillants et des gestes de solidarité l'avaient aidée à retrouver l'espoir. Elle avait compris que, même au cœur de l'adversité, la Providence veille toujours. Alors que les vents violents s'accentuaient, Hélène trouva un apaisement avec cette pensée : « comme les vagues déferlantes, les tempêtes passent. » Elle ferma les yeux et se remémora les leçons apprises : l'importance de la foi en l'avenir, la gratitude pour les petites choses, et l'amour indéfectible pour ceux qui l'entourent. Lorsque la tempête commença enfin à faiblir, le soleil apparut timidement, perçant les nuages. Hélène émergea de la cabane, le cœur plus léger. Elle réalisa qu'elle avait le pouvoir de transformer ses souffrances en force et de partager cette lumière avec les autres.

De retour au village, elle décida d'organiser des rencontres pour aider ceux qui traversaient des moments difficiles. Elle invita des personnes à raconter leurs histoires en vue de s'entraider. Peu à peu, le village se transforma en une communauté unie par la solidarité et l'amour. Chaque tempête émotionnelle devenait une source d'inspiration, chaque douleur, une invitation à se rapprocher. Hélène comprit alors que la Providence s'était toujours manifestée dans sa vie, même dans les moments les plus sombres. Elle avait appris que les naufrages font partie de l'existence, mais qu'avec le soutien des autres et une foi inébranlable en soi, il est possible d'en sortir plus fort et plus lumineux. Et ainsi, dans ce village, entre les montagnes et les lacs, Hélène trouva sa paix intérieure et devint la lumière qui guida les autres dans leur propre chemin. Son enseignement réconfortait les personnes, peu importe le nombre d'épreuves à traverser, la providence sera toujours présente, prête à nous indiquer la bonne direction à prendre.

La providence et l'abandon

Saintes-Maries-de-la-Mer petite ville située au bord de la Méditerranée et au cœur du parc Naturel Régional de Camargue, a été marquée par une légende. En effet, son rivage aurait accueilli trois chrétiennes qui étaient à la dérive sur une barque sans gouvernail. Depuis, il semblerait que chaque maison porte les secrets de ses habitants. Bien plus tard, à cet endroit, Dolores, une jeune femme pleine de rêves, y trouva refuge. Elle travaillait dans une librairie, un lieu où elle pouvait s'évader des réalités du quotidien à travers les pages des livres. Dolores était aimée de tous, connue pour sa douceur et sa générosité. Mais derrière ce sourire chaleureux se cachait une vulnérabilité profonde, une peur récurrente de voir ceux qu'elle aimait l'abandonner. Un jour, elle fit la rencontre de José, un homme charismatique, brillant et ambitieux. Leur relation démarra sur un souffle d'euphorie, plongée dans la passion. Dolores se laissa entraîner dans le tourbillon de ses promesses : ils construiraient ensemble un avenir radieux, une vie de succès et d'aventures. Elle lui confia alors une partie de ses économies, persuadée qu'il les investirait judicieusement dans un projet qui transformerait leur vie. Le temps passa, et les rêves de Dolores s'évanouirent peu à peu. Les investissements de José ne fructifièrent pas, et ses promesses se révélèrent être des mensonges. Dolores se trouva alors piégée, à la fois par son amour et par sa naïveté. Lorsque la vérité éclata, c'était comme un coup de tonnerre : José avait disparu, emportant avec lui les économies de Dolores et laissant derrière lui une ombre d'abus de confiance. Dans les mois qui suivirent, la désillusion s'installa. Dolores se retrancha dans son monde, sa librairie, cherchant du réconfort dans les livres. Elle entreprit un voyage intérieur pour comprendre comment elle avait pu se laisser abuser ainsi. Les pages des romans prenaient vie sous ses doigts, révélant des histoires d'échec, de trahison et de renaissance. Mais dans son cœur subsistait une amertume difficile à assumer.

La providence inattendue

Alors qu'elle se perdait dans les récits, un nouveau personnage fit son apparition. Raphaël, un écrivain en quête d'inspiration, entra dans la librairie. Il était différent des autres, portant avec lui une aura de mystère et une profonde compréhension de la douleur. Au fil des rencontres, Dolores se prit d'amitié pour lui. Raphaël ne l'interrogeait pas sur son passé ; il l'écoutait simplement, offrant des perspectives nouvelles sur l'amour, la confiance et la vulnérabilité. Petit à petit, Dolores commença à voir une lueur d'espoir. Raphaël, avec ses mots empreints de sagesse, lui enseigna que chaque épreuve pouvait être un tremplin vers la guérison. La providence, pensait-il, ne se mesurait pas à la chance, mais à la manière dont nous choisissons de surmonter les obstacles. Cela ne voulait pas dire ignorer la douleur, mais plutôt l'accepter comme une partie intégrante de sa vie.

Retour à la joie

Avec le soutien de Raphaël, Dolores entreprit un voyage pour se reconstruire. Elle décida de ne pas se laisser définir par les trahisons passées. Chaque jour, elle écrivait dans son journal, exprimant peurs et espoirs, expérimentant des mots comme des élixirs de guérison. Ensemble, ils travaillèrent à transformer les douleurs en récits pétillants, publiant un livre qui retracerait le chemin de la confiance perdue à la renaissance d'une âme. Lorsque le livre fut publié, il rencontra un succès inattendu. Dolores reçut des lettres de lecteurs partageant leurs propres histoires d'abus de confiance, des récits qui résonnaient en elle. Elle commença à organiser des ateliers, où elle encourageait les autres à partager leurs expériences, offrant ainsi un espace de guérison collectif.

La lumière de l'avenir

Alors que Dolores et Raphaël poursuivaient leur quête, la vie leur présenta de nouvelles opportunités. En faisant preuve d'une grande résilience, Dolores apprit à faire confiance à nouveau, non seulement aux autres, mais aussi à elle-même. Elle comprit que l'abus de confiance n'était pas la fin d'une histoire, mais le début d'une nouvelle. La providence, quant à elle, était là, se manifestant à travers ses choix, son amour pour l'écriture et sa capacité à se relever après chaque chute. Dans les pages de son nouveau livre, Dolores dessina des paysages de confiance et de rédemption, prouvant que même dans les moments les plus sombres, une lumière pouvait toujours percer l'obscurité. Ensemble, elle et Raphaël bâtirent un avenir où chaque mot, chaque geste, était une promesse de reconquête, un chemin d'espoir. Dolores se tenait désormais avec assurance, ayant appris que la vie était faite de rencontres, de pertes et de renaissances. Elle savait que la providence, tout comme l'abus de confiance, façonnait notre existence de manière inattendue. Et dans cette danse entre ombre et lumière, elle avait découvert la force de son propre cœur. Le voyage continuait, plein de promesses et de merveilles à explorer.

Fin

Croire en la providence

La petite ville de Saint-Amour

Au cœur de la campagne française, la petite ville de Saint-Amour aux portes du Jura, était un endroit paisible, où le temps semblait s'être figé. Les ruelles pavées, le parfum des fleurs des champs créaient une atmosphère idyllique. Cependant, cette tranquillité cachait des ambitions et des rivalités sournoises. Franck, un homme d'affaire ambitieux, venait d'arriver dans la ville. Avec son sourire charmeur et son esprit calculateur, il avait rapidement gagné la confiance des habitants. Malheureux en affaires et aspirant à la prospérité, il avait un projet audacieux : construire un complexe touristique, sur les rives du lac, qui promettait de transformer Saint-Amour en une destination prisée.

Les souffrances de la providence

Franck résidait dans la pension de famille « L'Ange Gardien », il y fit la connaissance de Nathalie, une jeune femme rêveuse et idéaliste. Elle croyait en la providence, convaincue que les événements suivaient un ordre divin. Nathalie tenait un carnet où elle notait ses pensées sur la destinée, les miracles du quotidien et l'importance de la solidarité. Pourtant, le projet de Franck menaçait la tranquillité de Saint-Amour. Les terres qu'il envisageait d'exploiter appartenaient aux agriculteurs de la région et ces derniers les cultivaient depuis plusieurs générations. Lorsque Franck commença à proposer des prix alléchants, il ne tarda pas à semer le trouble dans la communauté.

L'avidité en action

L'avidité, telle une ombre insidieuse, imprégna bientôt les esprits. Certains villageois furent séduits par les promesses de Franck, tandis que d'autres, soucieux de préserver leur mode de vie, s'opposèrent férocement à lui. Les discussions dans le café du village se transformèrent en disputes passionnées. Nathalie, en observant la division croissante parmi ses concitoyens, tenta de rappeler à chacun que la providence pouvait les unir. Elle organisa une réunion à l'église pour discuter des conséquences du projet. Son discours émouvant sur l'importance de la communauté et des liens humains toucha le cœur de plusieurs villageois, mais il y en avait d'autres qui, animés par l'appât du gain, restèrent sourds à ses paroles.

La lutte intérieure

Franck, tiraillé entre son ambition et la prise de conscience soudaine de l'impact de ses actions, se rendit compte qu'il avait atteint les limites de sa quête. Les réflexions de Nathalie le hantèrent. Il se mit à contempler la notion de providence et à se demander si sa réussite personnelle en valait réellement la peine, si elle se construisait sur les rêves brisés des autres.

Le choc des idées

Alors que le conseil municipal se réunissait pour voter le projet, Nathalie et Franck se rencontrèrent une dernière fois. Dans une discussion intense, ils confrontèrent leurs idées sur l'avidité et la providence. Franck plaida pour ses ambitions, tandis que Nathalie défendait l'idée d'un avenir basé sur l'harmonie et le respect de la nature. Cette confrontation marqua un tournant décisif pour Franck. Il devait choisir entre réaliser son rêve ou préserver l'âme de Saint-Amour.

Une valeur inestimable

Le matin du vote, alors que le ciel s'obscurcissait, Franck prit une décision inattendue. En déclarant son retrait du projet, il bouleversa la salle. Les murmures de surprise se propagèrent, mais Nathalie sut déceler dans ses yeux une lueur de paix. En renonçant à son projet, Franck avait enfin compris que la véritable richesse ne résidait pas dans l'argent, mais dans les relations humaines et l'harmonie avec la nature.

Un nouveau départ

Après ce choix courageux, Franck et Nathalie unirent leurs efforts pour redonner vie à Saint-Amour. Ensemble, ils imaginèrent des projets communautaires qui favoriseraient le tourisme tout en respectant la culture locale et l'environnement. La ville, autrefois ravagée par l'avidité, retrouva peu à peu son âme. Les habitants de Saint-Amour découvrirent alors que la providence, bien que parfois insaisissable, avait été là, les guidant vers une voie de réconciliation et de partage.

Les échos de la providence

Des années plus tard, Saint-Amour était devenu un symbole de renaissance. La pension « L'Ange Gardien » accueillait des visiteurs venus de partout, attirés par les histoires de solidarité et de résilience. Franck et Nathalie, désormais unis par leur passion commune pour le village, continuèrent d'écrire leur propre légende, une histoire où la providence avait triomphé de l'avidité, révélant la beauté du partage.

Fin

Le festin de la providence

La passion dévorante

Dans un village proche de Puy-en-Velay où se situe un point de départ prisé du chemin de Compostelle, la vie s'écoulait paisiblement. Les habitants, simples et travailleurs, vouaient une dévotion particulière à la terre. Parmi eux, Cassandra, une jeune femme aux cheveux châtains et aux yeux pétillants de malice. Cassandra avait une passion dévorante pour la cuisine. Chaque week-end, elle préparait des plats succulents, mélangeant les recettes de sa grand-mère avec des créations nouvelles. Sa spécialité : les tartes aux fruits, si délicieuses qu'elles étaient devenues rapidement légendaires dans tout le village. Un jour, alors que Cassandra était occupée à apprendre une nouvelle recette de dessert, un étranger fit son apparition. Il s'appelait Alvaro, un voyageur à l'allure mystérieuse, avec un regard empreint de sagesse. Il se présenta comme un gastronome, un homme à la recherche de saveurs authentiques et perdues. En entendant parler de son talent gastronomique, il proposa à Cassandra de faire un voyage culinaire à travers la nature des collines qui entouraient le village.

À la recherche des saveurs oubliées

Alvaro et Cassandra partirent ensemble à l'aube, munis d'un panier en osier, prêt à récolter les ingrédients les plus fins, porteurs d'histoires et de traditions. Ils dénichèrent des fraises sauvages, des herbes aromatiques et même des noix cachées sous les feuilles. À chaque étape de leur voyage, Alvaro partageait des contes fascinants liés à différents ingrédients, expliquant comment la providence les avait unis à cette nature généreuse. Au fil des jours, une complicité s'installa entre eux. Alvaro apprit à Cassandra l'importance de la patience et du respect envers les produits de la terre, tandis qu'elle lui montrait l'art de transformer ces ingrédients en délices. Les soirées se terminaient autour d'un feu de camp, partageant des rêves désuets et des rires. Cassandra réalisait à quel point la nourriture pouvait être un vecteur de lien, de culture et de magie.

Le festival de la gastronomie

À l'approche du festival annuel du village, Cassandra décida de concocter un plat spécial inspiré des enseignements d'Alvaro. Elle élabora une tarte aux fruits, mais pas n'importe quelle tarte. Ce serait une œuvre d'art, mêlant les fruits d'ici et d'ailleurs, un véritable hommage à la providence qui leur avait permis de se rencontrer et de partager leur passion. Le jour du festival, le village vibrait de joie et d'excitation. Cassandra dressa sa table, ornée de fleurs sauvages et de bougies scintillantes, et présenta sa tarte au jury. En attendant anxieusement les résultats, elle aperçut qu'Alvaro observait, avec un sourire complice, la façon dont les villageois appréciaient les saveurs de son plat.

L'acceptation

Au moment d'annoncer le vainqueur, le maire du village prit la parole, décrivant les talents cachés de Cassandra et la magie de sa recette. Cassandra sentit son cœur battre à tout rompre : elle avait remporté le prix du meilleur dessert. Mais au-delà de la récompense, c'était l'acceptation de sa créativité et de sa passion qui lui permit de trouver une place au sein de la communauté qu'elle aimait tant. Alvaro, fier de sa protégée, lui murmura à l'oreille que le véritable prix était l'amour et la dévotion qu'elle mettait dans ses plats. C'était la providence qui l'avait guidée à cette passion, et il lui rappela que chaque bouchée racontait une histoire.

La dernière mélodie

Le temps passa et les deux amis continuèrent à explorer ensemble le monde culinaire, partageant chaque découverte avec les villageois. À travers la gastronomie, Cassandra et Alvaro avaient tissé des liens presque magiques, reliant les habitants à leurs racines. Un soir, alors qu'ils terminaient une nouvelle recette sous la voûte étoilée, Alvaro révéla qu'il devait repartir pour poursuivre ses voyages. Cassandra sentit un pincement au cœur, mais il lui promit que la providence les réunirait une prochaine fois, car leur passion pour la cuisine ne connaîtrait jamais de frontières. Ainsi, Cassandra continua de préparer ses plats, se remémorant les leçons apprises avec son ami. Dès lors une tarte ou un plat devenait un hommage à la gourmandise et à la magie que peut offrir la vie lorsqu'on est attentif aux merveilles qui nous entourent. La véritable Providence, c'était de savoir savourer chaque instant, chaque goût, et de partager cet amour avec ceux qui nous sont chers.

Fin.

Les échos de la providence

La chute

À Bordeaux, au cœur de la région viticole, où au centre de la place de la bourse trône la fontaine des trois grâces, une statue de bronze représentant différents personnages de la mythologie grecque. Est-ce pour cette raison qu'ici, le temps semblait s'être arrêté ? Il y vivait une communauté soudée, mais tourmentée par des secrets inavoués. Parmi ses habitants, Clarisse, une jeune femme au regard perdu et à l'âme en proie au doute, luttait contre ses propres démons. Elle avait toujours cru en la providence, cette force invisible qui guide les êtres humains. Pourtant, les événements de sa vie la poussaient à remettre en question cette croyance. Clarisse avait grandi dans l'ombre d'un père autoritaire, un homme convaincu que la force brute et la réussite matérielle étaient les seules voies vers le bonheur. Sa mère, douce et aimante, semblait résignée à cette vie de sacrifice, et Clarisse s'était souvent demandé si la providence était vraiment de son côté. Alors qu'elle se retrouvait à la croisée des chemins, un événement tragique allait bouleverser sa perception de la vie.

Les sept péchés capitaux

Un soir, Clarisse se rendit à une fête organisée dans la demeure d'un riche homme d'affaires, propriétaire des terres qui entouraient la ville. À cette soirée, elle croisa plusieurs personnages, chacun incarnant un péché capital.

- L'orgueil s'était manifesté à travers Antoine, le fils du riche propriétaire, qui ne cessait d'afficher sa réussite et son arrogance. Son attitude charmante cachait une profonde futilité qui l'éloignait des véritables valeurs humaines.

- L'avarice brillait dans les yeux de l'entrepreneur, sempiternellement préoccupé par l'accumulation de richesses, ignorant que le bonheur ne se trouvait pas dans l'or, mais dans les relations sincères.

- La luxure se dévoilait dans les attitudes suggestives de certaines invitées, créant un air de désespoir pour ceux qui cherchaient réellement des connexions humaines.

- L'envie se lisait sur le visage de nombreux invités qui jalousaient la fortune d'Antoine, tout en négligeant la beauté et la simplicité des petites choses.

- La gourmandise s'exprimait à travers les excès de nourriture et de boisson, une manière désespérée de compenser des vides intérieurs.

- La paresse s'incarnait dans les échanges superficiels, où chacun fuyait les véritables conversations, préférant s'enliser dans des interactions futiles.

- Enfin, la colère grondait silencieusement dans la ville, une rancœur sourde contre ceux qui oppressaient les plus faibles.

La quête de rédemption

Face à ces péchés, Clarisse prit conscience que la véritable providence résidait dans la capacité de chacun à se révéler et à se réinventer. Elle décida d'initier un changement dans sa communauté. Inspirée par des exemples d'humanité et de bonté, elle commença à organiser des rencontres pour encourager la solidarité, le partage et l'accompagnement des plus démunis. Au fil du temps, les habitants commencèrent à s'ouvrir, à parler de leurs peines et de leurs luttes. Ensemble, ils purent transformer leur désespoir en espoir, conjurant la colère et l'envie. Clarisse, à travers sa détermination et sa force intérieure, devint le symbole des nouvelles aspirations de cette communauté.

Entre passion et créativité

Un soir, alors que Clarisse méditait sur la portée de son engagement, elle comprit que la providence ne se manifestait pas uniquement par des signes extérieurs, mais par l'expérience et la croissance personnelle. La transformation de la ville était le reflet de la volonté collective d'affronter ses faiblesses, d'accepter ses lacunes et de chercher la lumière dans l'obscurité.

Au fur et à mesure que la ville changeait, Clarisse découvrit aussi l'amour, une connexion profonde avec Antoine, qui, confronté à son propre orgueil, chercha à se racheter par des actes de bienveillance. Ensemble, ils devenaient les architectes de leur nouvelle destinée.

L'union du bien et du mal

Les échos de la providence résonnaient maintenant dans chaque coin de la ville. Les péchés capitaux, autrefois omniprésents, faisaient partie des souvenirs. Clarisse avait appris que chacun portait en soi la capacité de choisir entre le bien et le mal, et que la véritable providence se trouvait dans l'amour, le partage et la rédemption. Au lever du soleil, les habitants se réunirent pour célébrer cette renaissance, unissant leurs voix dans un chant d'espoir, portés par le souffle de l'humanité retrouvée.

Fin

La violence conjugale et la providence

L'ombre d'une rencontre

Sabrina était une femme pleine de rêves, c'était une gentille fille. Petite, elle imaginait son futur sentimental comme un tableau vibrant de couleurs, d'amour et de complicité. Elle avait rencontré Christian lors d'une soirée entre amis, son sourire charmeur et sa voix douce avaient tout de suite captivé son attention. Elle se souvient de ce moment où il lui avait pris la main, comme si le monde autour d'eux s'était arrêté. Mais avec le temps, ce sourire avait commencé à se fissurer, laissant place à une ombre inquiétante. Leur mariage, au début si prometteur, s'était progressivement mué en une prison dorée. Les petites disputes s'étaient transformées en cris, puis en silences pesants, et enfin en un morne quotidien. Christian, dont la ténacité et le charme avaient séduit tous ceux qui croisaient son chemin, avait dévoilé un visage plus sombre.

Les premiers signes

Les premiers signes étaient subtils. Un regard noir lorsqu'elle parlait à un ami, une remarque blessante sur sa tenue, des excuses qu'il promettait de ne jamais renouveler. Sabrina avait voulu ignorer ces alertes, se persuadant que l'amour conquiert tout. Elle se concentrait sur les moments heureux, sur les souvenirs des balades au bord de la mer, où tout semblait possible. La douleur s'installait insidieusement. Les amis, autrefois présents, avaient commencé à s'éloigner, incapables de comprendre le changement de comportement de Sabrina. Elle se sentait isolée, perdue entre la peur et l'amour. Christian devenait de plus en plus possessif, jaloux de chaque interaction sociale, jusqu'à ce qu'elle en vienne à craindre le moindre geste.

La peur

Un soir, alors qu'elle rentrait tard d'un rendez-vous professionnel, Sabrina avait croisé son regard. Elle avait reconnu cette lueur de colère dans ses yeux. Les mots avaient fusé, d'abord doux, puis aigus, jusqu'à ce que les cris s'élèvent comme les vagues d'une tempête violente. Sabrina, perdant tout contrôle, avait été projetée contre le mur, une douleur fulgurante lui parcourant le bras. À ce moment-là, une partie d'elle s'était brisée, s'effondrant sous le poids de la réalité. La colère de Christian s'était intensifiée, et les excuses, si elles étaient présentes, ne faisaient plus illusion. Elle avait compris qu'elle ne pouvait plus vivre ainsi, mais la peur d'un avenir sans lui l'enveloppait comme un voile sombre.

Une lueur d'Espoir

Après des mois d'une souffrance silencieuse, Sabrina avait finalement trouvé le courage de parler. Un matin, elle s'était rendue à un groupe de parole. Lieu où les récits étaient empreints de douleur, mais aussi de résilience. Écouter d'autres femmes partager leur vécu lui avait permis de voir la lumière derrière l'ombre. Elle avait commencé à s'extirper de ce cercle vicieux. Elle avait écrit des lettres, exploré ses sentiments, et petit à petit, elle avait renoué avec sa passion pour l'écriture. C'était comme si chaque mot lui redonnait un peu de force, comme si la plume pouvait produire une magie salvatrice.

Un nouveau Jour

Le jour où Sabrina avait pris la décision de partir, elle avait senti une grande libération. Avec l'aide de ses amies, elle avait trouvé un refuge où elle pouvait se reconstruire. Elle savait que le chemin serait long pour guérir de cette blessure, mais elle portait en elle cette nouvelle promesse : celle de ne plus jamais se laisser enfermer, dénigrer. Le souvenir de la violence conjugale resterait toujours dans un coin de sa mémoire, mais elle savait maintenant qu'elle pouvait reprendre sa vie en main. Elle écrivait non seulement pour elle-même, mais également pour celles qui n'avaient pas encore trouvé la force de s'exprimer. À travers ses mots, Sabrina savait qu'elle pourrait ouvrir la voie pour d'autres et montrer que la lumière existe toujours, même dans les ténèbres les plus profondes. La violence de sa douleur devenait alors la force de son récit, une voix pour celles qui, comme elle, avaient un jour perdu leur voix.

Vers une nouvelle vie

Sabrina avait appris que la résilience est un voyage parsemé d'obstacles, mais c'était un chemin qu'elle était prête à entreprendre. Elle avait voulu se souvenir, non pas comme une victime, mais comme une survivante. Et ainsi, par ses écrits, elle continuait de se battre, pour elle-même, pour les autres, et pour un avenir où la lumière ne serait plus jamais éclipsée par l'ombre.

Dans le silence, Sabrina avait trouvé sa voie.

Les ennemis cachés

Murmures dans l'ombre

À Saintes, en Charente-Maritime, chaque rue semblait murmurer des secrets. Sophie Montclair, une jeune journaliste, venait de recevoir une mystérieuse lettre. Elle l'avait trouvée sur son bureau, à peine posée là, comme si quelqu'un l'avait glissée sans faire de bruit. Les mots étaient écrits avec une calligraphie soignée, mais la teneur du message était troublante : « Fais attention à ceux qui se tiennent dans l'ombre. Les ennemis cachés sont plus proches que tu ne le penses. » Intriguée et un peu effrayée, Sophie décida d'enquêter. Elle était devenue journaliste pour révéler la vérité, mais cette fois, elle se sentit comme une proie. La lettre lui rappelait le décès mystérieux de son meilleur ami, Édouard, survenu six mois plus tôt. Selon les autorités, il s'agissait d'un accident Sophie avait toujours pensé à autre chose. Elle n'avait cessé de creuser, mais à chaque nouveau pas, elle avait senti la présence de forces occultes prêtes à la dérouter.

Les pions du jeu

En retournant chez elle après une longue journée d'enquête, Sophie ne pouvait s'empêcher de ressentir une étrange présence derrière elle. Les ruelles sombres paraissaient plus étroites, et chaque ombre semblait se mouvoir. Elle décida de se confier à son mentor, Pierre, un ancien journaliste, qui avait encore de nombreuses connaissances dans le milieu. Peut-être pourrait-il l'aider à comprendre la menace qui pesait sur elle. Pierre l'écouta attentivement, son regard se faisant plus sérieux à mesure que Sophie détaillait les événements. « Fais attention, Sophie », dit-il enfin. « Dans ce métier, il y a des vérités que certains ne veulent pas que tu découvres. Les ennemis cachés… Ils ont toujours un intérêt à préserver. » Impressionnée par ses paroles, Sophie sentit un frisson parcourir son échine. Qui était son ennemi ? Était-ce quelqu'un qu'elle connaissait ? Elle se jurait de découvrir la vérité, peu importait le risque.

La toile se tisse

Les jours suivants, Sophie se lança dans une enquête plus approfondie, interrogeant des amis d'Édouard, scrutant ses anciens articles, et fouillant dans ses affaires. Quiconque aurait pensé qu'elle devenait obsédée. Les découvertes se succédaient : des révélations sur des affaires louches, des situations compromettantes où Édouard avait osé s'infiltrer. Un soir, alors qu'elle feuilletait un ancien dossier photographique, elle tomba sur une photo d'un groupe d'hommes réunis. Édouard était là, souriant au milieu d'eux. Mais les autres visages lui étaient familiers. Certains d'entre eux avaient des positions influentes dans la ville, des hommes d'affaires respectés, et même un membre du conseil municipal. Sophie ne pouvait s'empêcher de penser que tout ce beau monde avait quelque chose de sombre à cacher.

Le dévoilement de la vérité

Alors que Sophie poursuivait ses investigations, elle commença à recevoir des menaces anonymes. « Ne creuse pas plus profondément, sinon tu le regretteras. » Mais loin de reculer, elle se sentit poussée par une force nouvelle. Elle s'associa à un détective privé, Lucas, qui avait ses propres raisons de vouloir démanteler ce réseau corrompu. Ensemble, ils mirent au jour des failles dans le système local, des pratiques illégales : détournements de fonds, trafic d'influence. Mais au fur et à mesure que Sophie et Lucas dévoilaient la vérité, les menaces devenaient de plus en plus palpables. Comment ces hommes, des figures respectées, pouvaient-ils être des ennemis cachés ?

Le dernier drapeau

La tension culmina lors d'un conseil municipal, où Sophie décida de faire front. Elle avait rassemblé suffisamment de preuves pour accuser ceux qui avaient fait taire son ami et manipulé les autres. Armée de courage, mais aussi de peur, elle affronta ces hommes en plein public. « Vous pensez que vous pouvez prendre des vies sans conséquences ? », s'écria-t-elle, le cœur battant. L'auditoire était silencieux, il y avait de l'électricité dans l'air. Entre colère et peur, les visages des coupables se déchiraient. Pour Sophie, il n'était pas question de faire marche arrière.

Lumières et ombres

La vérité éclata au grand jour. Le procès fut ébranlant, et bien que certains s'en soient tirés, d'autres furent condamnés. Sophie avait révélé plusieurs des ennemis cachés, elle savait que d'autres dissimulaient encore leurs visages derrière un masque de respectabilité.

Cette petite ville de Charente-Maritime ne serait plus jamais la même. Les murmures dans l'ombre avaient été éclaircis. En tant que journaliste, Sophie comprit que le combat pour la vérité serait constant. Elle n'était pas seule dans cette quête. Avec Lucas à ses côtés, elle se préparait pour le prochain chapitre de son aventure.

Fin

Poésie
Si j'étais la Providence

Dans les cieux d'un rêve fragile,
Où le temps s'étire et danse,
Je tisse les fils d'une étoile tranquille,
Et souffle sur l'horizon l'espérance.

Mes mains façonnent des destins,
Guidant les âmes vers leurs chemins,
Je murmure aux rivières, aux montagnes,
Des histoires de paix, de campagnes.

Si j'étais la Providence,
Je ferais tomber des pluies d'amour,
Sur les cœurs en errance,
Les nourrissant chaque jour.

Je peindrais d'or les peines,
Les transformant en force, en lumière,
Éclairant les âmes envenimées,
D'un doux reflet de prières.

Je verrais les larmes des perdus,
Et les sècherais d'un souffle apaisant,
Transformant les chagrins déchus,
En chants doux et résonnants.

Pour chaque pas en désespérance,
Je serais la main qui réconforte,
La voix dans le silence,
Qui dit : « N'aie crainte, je t'emporte. »

Si j'étais la Providence,
Je voudrais simplement offrir,
Un monde où chaque existence,
Pourrait librement s'épanouir.

Dans l'écrin de l'humanité,
Je planterais des graines de joie,
Des arbres de solidarité,
Dans le jardin d'une douce voie.

Alors, si j'étais la Providence,
Je crierais à l'unisson,
Que l'amour est notre essence,
Et que la paix est notre raison.

Valérie Boucton

Le pouvoir de la providence et de la spiritualité

Quelques conseils inspirés de la notion de providence, qui évoquent des réflexions sur la sagesse, la patience et l'acceptation :

1. Faites confiance au processus : parfois, les choses ne se passent pas comme prévu. Ayez confiance que chaque événement, même difficile, peut vous orienter vers quelque chose de mieux.

2. Pratiquez la gratitude : prenez le temps chaque jour d'identifier ce pour quoi vous êtes reconnaissant. Cela vous aidera à voir le positif même dans les situations difficiles.

3. Acceptez l'incertitude : la vie est pleine d'imprévus. Accepter que certaines choses échappent à votre contrôle peut vous aider à rester serein et à avancer plus facilement.

4. Cultivez la patience : la providence nécessite souvent du temps. Apprenez à faire preuve de patience et à prendre du recul lors de moments de stress ou d'incertitude.

5. Soyez proactif : même si vous croyez en la providence, n'attendez pas que les choses se passent d'elles-mêmes. Agissez dans la mesure du possible pour atteindre vos buts.

6. Entourez-vous de positivité : cherchez des relations et des environnements qui vous élèvent. Cela vous aidera à garder une perspective optimiste sur la vie.

7. Faites confiance à votre intuition : parfois, votre instinct est un guide précieux. Écoutez ce que votre voix intérieure vous dit, surtout dans des moments de décision.

8. Apprenez des échecs : chaque échec peut être une leçon précieuse. Réfléchissez à ce que vous pouvez en tirer plutôt que de vous laisser abattre.

9. Soyez bienveillant envers vous-même : la perfection n'existe pas. Accordez-vous de la compassion et comprenez que chaque être humain fait des erreurs.

10. Cherchez le sens : dans chaque situation, essayez de trouver un sens ou une leçon qui peut enrichir votre parcours ou celui des autres.

Ces conseils sont une invitation à réfléchir sur la manière de vivre en harmonie avec soi-même et avec le monde qui nous entoure. Cultiver une attitude ouverte et positive peut transformer votre expérience de vie.

Ouvrir son cœur à la providence

C'est un processus qui demande du courage et de la confiance. Quelques conseils pour vous aider dans cette démarche :

1. Cultivez la confiance : apprenez à avoir confiance en la vie et en l'avenir. Cela peut signifier lâcher prise sur le besoin de tout contrôler.

2. Pratiquez la gratitude : prenez le temps de reconnaître et d'apprécier les petites choses de la vie. Tenir un journal de gratitude peut être un excellent moyen de renforcer cette pratique.

3. Acceptez l'incertitude : la vie est pleine d'imprévus. Accepter que tout ne se passera pas toujours comme prévu peut vous aider à vous ouvrir à de nouvelles possibilités.

4. Méditez ou pratiquez la pleine conscience : ces pratiques peuvent vous aider à vous connecter à votre intuition et à votre cœur, et à mieux écouter ce que la providence a à vous offrir.

5. Entourez-vous de positivité : écoutez des histoires inspirantes, lisez des livres qui vous motivent et passez du temps avec des personnes qui vous encouragent.

6. Faites preuve de bienveillance envers vous-même : prenez soin de votre bien-être émotionnel et mental. Accordez-vous la permission d'être vulnérable et d'exprimer vos émotions.

7. Prenez des actions inspirées : parfois, la providence se manifeste aussi par des signes. Soyez attentif aux opportunités qui se présentent et n'hésitez pas à agir lorsque vous ressentez une forte intuition.

8. Laissez aller le passé : parfois, des blessures ou des déceptions passées peuvent nous empêcher de nous ouvrir. Travaillez sur votre guérison pour pouvoir avancer.

9. Pratiquez la générosité : donner aux autres peut créer un sentiment de connexion et de joie, vous rappelant que la providence peut aussi passer par des interactions humaines.

10. Soyez patient : ouvrir son cœur à la providence est un cheminement. Accueillez chaque étape avec douceur et patience.

Ouvrir son cœur peut prendre du temps, mais chaque effort compte et vous mènera vers une plus grande sérénité et vous vivrez des expériences de plus en plus enrichissantes.

Ma conclusion

Entre résilience et Pardon nait l'acceptation de vivre libre. Il est nécessaire de se libérer des blessures du passé. Le chemin de la vie est souvent parsemé d'embûches. Au final, elles nous permettent d'avancer et d'écrire notre propre histoire.

C'est pourquoi il est utile d'aimer et de pardonner nos faiseurs de troubles, nos persécuteurs, nos bourreaux, nos voleurs de rêves. Ceux qui appuient sur notre fragilité, la vie est un grand terrain de jeu rempli d'énigmes, de choix et de directions à prendre. N'est-il pas dit que tous les chemins mènent à Rome ? Et peu importe le chemin emprunté pourvu qu'il soit noble et juste, soyons traversés par une envie de faire au mieux et ne pas vouloir par égocentrisme être au-dessus de tout, sachant que, la perfection n'existe pas.

Ne serait-t-il pas plus judicieux en cette période de troubles de faire la paix aux ressentiments et d'exprimer la gratitude envers nos offenseurs ?

Pour ma part, voici ma lettre de remerciements, faite aux braves personnes qui ont semé les cailloux sur le chemin de ma vie. Mes pieds restaient ancrés dans le sol fertile, transformant les obstacles en grains de sable. Une fois rassemblés, ils m'ont permis de bâtir l'œuvre de qui je suis aujourd'hui.

Une lettre pour comprendre et vous libérer

Chers ennemis, chers guides

Je prends un moment pour vous adresser mes sincères remerciements. Oui, vous avez bien lu. Je vous remercie du fond du cœur. Chaque obstacle que vous avez placé sur mon chemin, chaque défi que vous m'avez lancé a été une opportunité déguisée. Vos actions, parfois hostiles, m'ont poussé à me dépasser, à grandir et à forger ma résilience. Vous m'avez appris que la vie n'est pas toujours un long fleuve tranquille, et que c'est dans les moments difficiles que l'on découvre réellement qui l'on est. Sans votre opposition, je n'aurais peut-être jamais eu la force de me lever après être tombée. Je n'aurais pas développé cette détermination qui m'anime aujourd'hui. Vos critiques m'ont aidé à me remettre en question, à examiner mes choix et à affiner mes objectifs. Grâce à vous, j'ai appris à ne pas craindre l'adversité, mais à l'accueillir comme un professeur, une occasion de progresser. Je réalise aujourd'hui que chaque affrontement, chaque désaccord a contribué à dessiner le chemin que j'ai parcouru. Vous avez été, d'une certaine manière, mes guides dans ce voyage complexe qu'est la vie. Pour cela, je vous en suis reconnaissante. J'espère qu'à l'avenir, nos interactions pourront évoluer vers une compréhension mutuelle. En attendant, sachez que je continuerai à avancer, forte des leçons que j'ai tirées de nos rencontres.

Merci encore, avec respect,
Valérie

La synthèse

Le livre de la providence est un symbole d'espoir et de quête spirituelle. Poursuivons notre chemin d'éveil avec sagesse et humilité. Il ne s'agit pas seulement de croire en une force supérieure, mais aussi de cultiver une connexion entre les âmes, de donner vie aux rêves et d'accepter les mystères de l'existence.

La voie de la providence et de la spiritualité est un chemin en perpétuel mouvement. Les rencontres, les découvertes et les épreuves sont autant de petites étapes sur ce sentier infini.

Un fil d'amour, de foi et de résilience, révélant à chacun que la providence, au-delà de toute compréhension, est toujours présente, guidant chaque âme vers son propre éclat de lumière.

La vie a son lot d'épreuves. Il nous appartient de déceler la beauté que nous apporte chaque épreuve et ainsi d'explorer notre propre chemin spirituel.

La fine nuance de mon parcours initiatique

Entre obscurité et lumière ma quête intérieure fut un voyage à travers des moments de turbulence et de paix. L'obscurité m'est souvent apparue sous la forme de doutes, de peurs et de périodes de solitude. Ces moments me semblaient interminables, m'enveloppant dans une étreinte froide et suffocante. Parfois, j'avais l'impression de perdre ma voie, piégée dans un labyrinthe sans issue. Cependant, à travers ces épreuves, j'ai découvert que l'obscurité pouvait également être un terrain fertile pour la croissance. C'est dans ces instants de vulnérabilité que j'ai appris à me connaître véritablement. J'ai commencé à explorer mes émotions, à les accepter et à les transformer en force. La méditation, l'écriture et la créativité sont devenues mes alliées. Elles m'ont permis d'éclairer les coins ombragés de mon esprit. Puis, la lumière a commencé à percer. Petit à petit, des fissures dans l'obscurité ont laissé passer des rayons d'espérance. J'ai rencontré des personnes inspirantes, des amis. Ces relations m'ont donné la force de continuer à avancer, à trouver ma voie. Aujourd'hui, je comprends mieux que l'obscurité et la lumière coexistent en moi. Chaque expérience, qu'elle soit lumineuse ou sombre, m'a permis de forger mon identité. J'ai appris que la lumière n'est pas l'absence d'obscurité, mais plutôt un contraste qui donne un sens aux moments difficiles. Je marche maintenant avec confiance, reconnaissant la beauté et la profondeur de chaque étape de ce parcours. Mon histoire est celle d'un équilibre fragile, mais inestimable, entre l'obscurité et la lumière, et je continue à avancer avec gratitude et espoir.

Remerciements

Je tiens à exprimer ma profonde gratitude à toutes les personnes qui ont contribué à la réalisation de cet ouvrage.

Tout d'abord, un immense merci à ma famille, pour leur soutien inconditionnel et leur patience durant les longues heures d'écriture.

Merci à toi ma fille Manon qui a subi mes moments de doutes et d'égarements face à la vie, à ces longs moments d'introspections qui m'ont permis de comprendre le chemin spirituel ardu avec toute sa complexité. Ton amour m'a donné la force d'avancer.

Merci Patricia Forel alias maman, artiste peintre pour le tableau réalisé début d'été 2024 et qui illustre magnifiquement la couverture de ce livre.

Je souhaite également remercier mes amis, qui ont cru en moi, même lorsque j'en doutais.

Un remerciement tout particulier à Fabienne Pottier, ma correctrice, pour sa confiance et ses conseils avisés qui ont grandement enrichi le texte.

Enfin, merci à mes lecteurs, dont l'intérêt pour ce livre est ma plus grande récompense. J'espère que cette lecture vous aura apporté autant de joie, de réflexion et d'espoir qu'elle m'en a procuré durant l'écriture.

Avec toute ma gratitude,

Valérie Boucton

Table des matières

Préambule 7
Les échos du silence..9
    Plongée dans l'oubli..9
    Le défi de la page blanche..................................10
    Ma victoire personnelle......................................10
La providence et la convoitise 13
    Les premiers échos 13
    L'inattendu 14
    Les dangers de la convoitise 14
    Le choix crucial...15
    Une nouvelle perspective...................................16
    La découverte...16
L'espoir et la providence 19
    La danse des émotions......................................19
    Les épreuves de l'amour 20
    Les choix de la vie..21
    La providence à l'œuvre 21
    Le retour et la réunion 22
    Épilogue des nouveaux horizons 22
La providence et le monde de l'hypocrisie.............23
La providence et l'oracle 27

- Le souffle du destin 27
- Le voyage intérieur 28
- Le voyage initiatique 28
- L'épreuve de la sagesse 29
- La récompense 29
- L'héritage de la providence 30

La jalousie et la providence 31
- La triangulaire 31
- Les signes de la providence 32
- L'éclat du secret 32
- Les choix de la providence 33
- L'amour véritable 33

La providence et la foi 35
- L'éveil de la conscience 35
- Les rencontres inattendues 35
- Les épreuves 36
- La prise de conscience 37
- Un nouveau départ 37
- L'infinie boucle 38

La providence et le mensonge 39
- Les ombres du passé 39
- La croisée des chemins 39
- L'autre vision 40

- Les chemins séparés 40
- Le secret dévoilé 41
- La réconciliation 42
- La nouvelle aube 42

La providence et la trahison 45
- Les ombres du passé 45
- Les souvenirs enfouis 45
- Un passé révélé 46
- Le rassemblement 47
- La nouvelle aurore 47
- Les liens indéfectibles 48

La providence et la vérité 49
- Les voiles du destin 49
- Les échos du passé 50
- Les liens du sang 50
- La quête 51
- L'accord entre providence et vérité 51
- Le cycle éternel 52

La providence et le chemin de l'éveil 53
- Le croisement des destins 53
- L'appel de l'aventure 53
- Les épreuves de l'éveil 54
- Le retour et la transformation 54

    La célébration 55
    Un voyage sans fin 55
Le destin et la providence 57
    Les étoiles au-dessus de nous 57
    La prophétie 57
    Le voyage 58
    La dualité 59
    L'éveil 59
    Un nouveau départ 60
La providence et le pardon 61
    Le poids du passé 61
    La rencontre inattendue 62
    La quête de la vérité 62
    Le pardon intérieur 63
    Un sens à la vie 64
    Les Liens Invisibles 64
Le voleur de providence 65
    L'objet de désir 66
    Alliances fragiles 66
    L'affrontement des destins 67
    Sacrifice et rédemption 67
    Les gardiens de la mémoire 68
La providence dans la tempête 69

- La providence et l'abandon 73
  - La providence inattendue 74
  - Retour à la joie 75
  - La lumière de l'avenir 76
- Croire en la providence 77
  - La petite ville de Saint-Amour 77
  - Les souffrances de la providence 77
  - L'avidité en action 78
  - La lutte intérieure 78
  - Le choc des idées 79
  - Une valeur inestimable 79
  - Un nouveau départ 80
  - Les échos de la providence 80
- Le festin de la providence 81
  - La passion dévorante 81
  - À la recherche des saveurs oubliées 82
  - Le festival de la gastronomie 82
  - L'acceptation 83
  - La dernière mélodie 83
- Les échos de la providence 85
  - La chute 85
  - Les sept péchés capitaux 86
  - La quête de rédemption 87

Entre passion et créativité	87
L'union du bien et du mal	88
La violence conjugale et la providence	89
L'ombre d'une rencontre	89
Les premiers signes	89
La peur	90
Une lueur d'Espoir	91
Un nouveau Jour	91
Vers une nouvelle vie	92
Les ennemis cachés	93
Murmures dans l'ombre	93
Les pions du jeu	93
La toile se tisse	94
Le dévoilement de la vérité	95
Le dernier drapeau	95
Lumières et ombres	96
Poésie	97
Si j'étais la Providence	97
Le pouvoir de la providence et de la spiritualité	99
Ouvrir son cœur à la providence	101
Ma conclusion	103
Une lettre pour comprendre et vous libérer	105
Chers ennemis, chers guides	105

La synthèse	107
La fine nuance de mon parcours initiatique	109
Remerciements	111
Table des matières	113

IMPRIMEUR ET ÉDITEUR

© Valérie BOUCTON, 2024
Édition : BoD · Books on Demand GmbH,
In de Tarpen 42, 22848 Norderstedt (Allemagne)
Impression : Libri Plureos GmbH, Friedensallee 273,
22763 Hamburg (Allemagne)

AVEC LA CONTRIBUTION DE
LIS MA VIE Editions
BP 50002
17202 ROYAN CEDEX

Dépôt légal : Décembre 2024

ISBN : 978-2-3225-3463-0